기독교문서선교회(Christian Literature Center: 약칭 CLC)는 1941년 영국 콜체스터에서 켄 아담스에 의해 시작되었으며 국제 본부는 미국 필라델피아에 있습니다. 국제 CLC는 약 650여 명의 선교사들이 59개 나라에서 180개의 서점을 운영하며 이동 도서 차량 40대를 이용하여 문서 보급에 힘쓰고 있으며 이메일 주문을 통해 130여 국으로 책을 공급하고 있는 국제적 문서선교 기관입니다.

추천사 1

김대훈 목사
초량교회 담임목사

　김맥 목사님께서 귀한 책을 내셨습니다. '귀하다'는 말에는 여러 가지 의미가 담겨 있습니다. 저자의 책이 귀한 이유는 김맥 목사님이 신실한 분이며 청년들을 전심으로 사랑하고 아끼는 분이기 때문입니다. 그 사람이 어떠한지가 그 책이 어떠한지를 결정한다고 생각합니다. 이런 신실함과 전심을 다하는 저자의 열정이 빚어낸 책이기에 귀한 책임이 틀림없습니다.

　저자는 청소년 전문 사역자로 오랜 시간을 눈물과 기도와 애정으로 아이들과 함께하며, 또 아이들을 위하여 몸부림쳐 왔습니다. 덕분에 많은 아이가 잘 컸고 믿음으로 잘 자랐습니다. 하지만 아이들이 청년이 되고 나니 골리앗 같은 거대한 세상을 만납니다. 세상과 그 문화 안에서 살아가야만 하는 믿음의 청년들의 갈등과 고뇌와 힘겨운 분투를 보면서 저자는 응원의 글을 씁니다.

책의 부제로 "크리스천 청년 생존 가이드북"이란 말이 붙어 있습니다. 생존이라는 말이 원초적인 말이지만 절박한 말이기도 합니다. 우리의 청년 크리스천은 생존해야 합니다. 더 정확히 말하면, 반드시 생존해 내야 합니다. 믿음이 흔들리지 말기를, 세상을 이겨 내기를, 하나님의 나라를 세워 가기를, 하나님의 영광을 위해 살기를, 끝까지 거룩한 영혼을 지켜 내기를 기도합니다.

저자의 전문적인 지식과 오랜 사역 경험, 그리고 청년들을 향한 사랑이 녹아 있는 귀한 책이 청년 크리스천의 거룩한 생존을 눈물로 기도하고 응원하는 여러분에게 도전이 되고 귀한 도구가 되기를 바랍니다.

추천사 2

홍민기 목사
라이트하우스무브먼트 대표

김맥 목사님은 현장에서 늘 몸부림치는 사역자입니다. 오랜 시간 청소년들과 함께 울고 웃으며 사역해 왔고, 그 아이들이 시간이 흘러 청년이 되었습니다. 자연스럽게 이제는 청년들의 고민을 품게 되었고, 그들의 삶과 신앙의 질문에 응답하려 애쓰고 있습니다.

김맥 목사님의 글에는 책상 위에서 얻은 이론이 아니라, 현장에서 청소년과 청년을 만나 부딪히며 쌓아 온 경험이 녹아 있습니다. 그래서 추상적인 격려가 아니라 실제로 적용할 수 있는 구체적인 제안을 담습니다. 그는 설교와 글을 통해 청년들이 현실의 무게 속에서 하나님을 붙들고, 삶의 자리를 지켜 내도록 돕는 것을 사명으로 삼고 있습니다.

사역 현장은 언제나 쉽지 않습니다. 때로는 지치고 무너질 때도 있습니다. 그러나 그는 그 모든 어려움 속에서도 포기하지 않습니다. 왜냐하면, 청년들은 단순히 지금의 세대가 아니라, 우리 모두의 미래이자 교회의 꿈이기 때문입니다. 그들의 믿음을 지켜 주고, 다시 일어나도록 세워 주는 일이야말로 가장 가치 있는 사역임을 알기 때문입니다.

추천사 3

이정현 목사
청암교회 담임목사

　김맥 목사님은 청소년을 너무나도 사랑하는 목회자입니다. 그래서 그간 청소년들을 위한 책을 많이 집필했습니다. 그 책들 속에는 늘 다음 세대를 향한 눈물과 기도가 담겨 있었습니다. 김맥 목사님의 사랑을 먹고 자랐던 제자들이 이제 청년이 되었고, 그 사랑하는 제자들을 위해서 이 책이 나오게 된 것입니다. 청년의 때 고민은 청소년기 때와는 차원이 다릅니다. 인생의 무게와 현실의 문제 앞에서 쉽게 흔들리기 때문입니다. 이 책은 더 높은 수준의 고민 속에 있는 청년들을 위해서 쓰였습니다.

　신앙에 있어서 흔들리는 청년들, 인생의 여러 가지 고민 속에서 번뇌하는 청년들, 생각지 않은 고통을 겪으면서 믿음의 균열을 경험하는 청년들, 이성 문제, 돈 문제, 미래에 대한 고민 속에서 하루하루를 보내고 있는 청년들에게 힘이 되고 위로가 되는 책입니다. 또한, 청년 자녀들을 둔 부모 세대와 청년들을 직접 양육하는 청년 사역자들에게 큰 도움이 될 것입니다. 이 책을 읽고 이 땅의 청년들이 다시 한번 일어나고 힘을 내면 좋겠습니다.

추천사 4

정석원 목사
오늘의교회 담임목사, 『기독교 세계관이 필요해』 저자

이 책을 읽으며 C.S. 루이스의 유명한 글이 떠올랐습니다.
"나는 태양이 떠오르는 것을 믿듯 기독교를 믿는다. 태양을 볼 수 있기 때문이 아니라, 그 빛으로 모든 것을 볼 수 있기 때문이다."
이 문장은 기독교의 지적이고 영적인 미덕을 심플하면서도 설득력 있게 표현합니다.

김맥 목사님의 이 책 역시 그러합니다. 복음과 삶의 미덕을 명료하면서도 따뜻하게 풀어내어, 청년들이 신앙과 현실을 잇는 다리를 놓을 수 있도록 돕습니다. 각 장마다 등장하는 청년들의 고민과 이야기를 따라가다 보면, 그들의 모습 속에서 독자인 저 자신을 보게 됩니다. 너무도 닮았다는 생각이 들었기 때문입니다. 더불어 명확하고 분명한 복음 메시지가 제 삶에 흘러들어와 스며드는 느낌이 들었습니다. 너무도 좋았기 때문입니다. 이 책을 읽는 내내 생각했습니다.

'왜 이렇게 공감이 되고, 설득력이 있을까?'

그 비밀은 저자의 글 안에 담긴 진심 때문이었습니다. 독자에 대한 애정과 복음적 삶에 대한 치열한 고민들이 페이지마다 고스란히 흔적이 되어 새겨져 있었습니다.

이 책은 거울처럼 자신을 비추게 하고, 창문처럼 복음의 삶을 들여다보게 합니다. 자신을 돌아보며, 복음 안에서 다시 길을 찾고자 하는 모든 이에게 이 책을 진심으로 추천합니다.

크리스천 청년 생존 가이드북

나는 청년입니다

I Am a Young Adult : A Survival Guide for Christian Young Adults
Written by Maek Kim
All rights reserved.
Korean Edition Copyright ⓒ 2025 by Christian Literature Center, Seoul, Korea

나는 청년입니다

2025년 12월 15일 초판 발행

지 은 이 | 김 맥

편　　집 | 오연성
디 자 인 | 김복심, 박성준
펴 낸 곳 | (사)기독교문서선교회
등　　록 | 제16-25호(1980. 1. 18.)
주　　소 | 서울특별시 동대문구 천호대로71길 39
전　　화 | 02-586-8761~3(본사) 031-942-8761(영업부)
팩　　스 | 02-523-0131(본사) 031-942-8763(영업부)
이 메 일 | clckor@gmail.com
홈페이지 | www.clcbook.com
송금계좌 | 기업은행 073-000308-04-020 (사)기독교문서선교회
일련번호 | 2025-96

ISBN 978-89-341-2889-2 (03230)

이 책의 출판권은 (사)기독교문서선교회가 소유합니다.
신저작권법에 의하여 한국 내에서 보호받는 저작물이므로 무단 전재와 무단 복제를 금합니다.

크리스천 청년 생존 가이드북

나는 청년입니다

김 맥 지음

CLC

차례

추천사 1 김대훈 목사 | 초량교회 담임목사   1
추천사 2 홍민기 목사 | 라이트하우스무브먼트 대표   3
추천사 3 이정현 목사 | 청암교회 담임목사   4
추천사 4 정석원 목사 | 오늘의교회 담임목사   5
저자 서문   14

제 1 장 | 구원의 감격, 지금도 내 안에 살아 있나요?

1. 처음, 예수님을 진짜 만난 날   18
2. 구원 이후, 예수님과의 동행   23
3. 예수님을 믿었는데, 왜 여전히 나답지?   28
4. 어느 순간 형식적으로 변해 버린 신앙   33
5. 주님! 저는 주님의 은혜 없이는 살아갈 수 없는 연약한 죄인입니다   37
6. 예수님과 함께 오늘을 살아간다   42

제 2 장 | 문제가 생겼을 때 어떻게 이겨 낼 수 있을까?

1. 전혀 예상하지 못했던 문제를 만났을 때!   48
2. 사람과의 갈등이 일어났을 때!   52
3. 문제 앞에서 무엇을 선택해야 할지 고민일 때   56
4. 문제가 해결되지 않고 길어질 때 어떻게 해야 하나요?   60
5. 하나님의 뜻을 선택했는데 문제가 일어났을 때 어떻게 해야 하나요?   64

제 3 장 | 유혹은 어떻게 이겨낼 수 있을까?

1. 우선순위의 유혹에서 벗어나자! 　69
2. 우상숭배의 유혹에서 벗어나자! 　73
3. 비교의 유혹에서 벗어나자! 　77
4. 음란의 유혹에서 벗어나자! 　81
5. 내가 주인이 되고 싶은 유혹에서 벗어나자! 　85
6. 교만의 유혹에서 벗어나자! 　89
7. 험담의 유혹에서 벗어나자! 　94

제 4 장 | 고난을 겪을 때 어떻게 해야 할까?

1. 하나님이 계신데 왜 이런 일이 일어났을까? 　100
2. 기도해도, 아무 일도 바뀌지 않을 때 　105
3. 내가 잘못해서 생긴 문제일까? 　110
4. 신앙 때문에 오히려 손해 볼 때 　114

차 례

5. 왜 나만 계속 실패할까?   119
6. 가정환경이 나를 짓누를 때   124

제 5 장 | 당신의 사명은 무엇인가요?

1. 나의 꿈, 하나님의 사명으로 바뀌다   130
2. 내가 잘하는 일이 곧 사명의 통로가 될 수 있다   135
3. 내가 품은 눈물이 사명이 될 수 있다   140
4. 두근거리는 마음, 사명의 시작이 되다   144
5. 우리는 모두 다 사명자다!   149

제 6 장 | 크리스천 청년, 연애, 결혼 어떻게 해야 하나요?

1. 연애 이전에, 나는 먼저 크리스천입니다   156
2. 결혼을 전제로 하지 않는 연애는 위험합니다   161
3. 믿지 않는 사람과 연애해도 괜찮을까요?   166

4. 순결은 구식이 아니라, 믿음의 선택입니다   171
5. 건강한 스킨십의 기준은 어디까지일까요?   176
6. 나한테 맞는 사람을 찾기보다, 함께 맞춰가는 사람을 만나야 합니다   180

제 7 장 | 돈 앞에서 신앙은 흔들리지 않는가?

1. 크리스천은 돈을 어떻게 바라봐야 하는가?   185
2. 헌금, 왜 해야 하는가?   189
3. 돈을 의지하지 않으면서 일하는 법   194
4. 헌금은 하나님이 주인 되심을 드러내는 사인이다   200

제 8 장 | 기도와 말씀으로 무장하고 있나요?

1. 왜 기도와 말씀일까?   205
2. 말씀은 어떻게 읽어야 할까요?   210
3. 기도 어떻게 해야 할까요?   215
4. 큐티는 어떻게 해야 하나요?   222

저자 서문

저는 청소년 사역을 18년째 하는 사역자입니다. 오랜 시간 동안 청소년과 함께 예배를 드렸고, 그들의 삶을 가까이에서 지켜보았습니다. 청소년들이 어떤 고민을 품고 살아가는지, 어떤 순간에 신앙이 흔들리는지를 오래도록 함께 겪어 왔습니다. 그렇게 만났던 아이들이 이제는 졸업하고 성인이 되어 청년이 되었습니다.

아이들이 말씀에 감동하고 은혜에 반응하던 눈빛이 지금도 선명히 기억납니다. 하지만 그들이 청년이 되었을 때는 상황이 달라졌습니다. 신앙은 여전한데, 세상은 훨씬 더 복잡하고 냉정했습니다. 예전처럼 눈물 흘리며 기도하던 자리에서, 이제는 지쳐 있는 모습을 보게 됩니다. 한때는 말씀대로 살고 싶다고 고백하던 아이들이, 이제는 그렇게는 못 살 것 같다고 말하는 것을 듣습니다. 저는 그 모습을 보며 마음속에 이런 생각이 들었습니다.

아이들이 청년이 되어 세상 속에서 크리스천으로 살아가는 것이 무엇인지 가르쳐야겠구나.

그래서 이 책을 쓰게 되었습니다. 저는 이 책에서 청년들이 삶의 여러 영역에서 겪는 현실적인 질문들을 다루고자 했습니다. 구원의 확신, 반복되는 죄의 유혹, 기도가 막힐 때의 혼란, 연애와 결혼, 돈과 진로, 사명과 말씀. 그 어떤 주제도 청년의 삶과 무관하지 않다고 생각했기 때문입니다.

교회 안에서 자란 청년이라고 해도, 막상 세상 한가운데에 서면 믿음대로 살아간다는 것이 얼마나 어려운 일인지 실감하게 됩니다. 누구나 흔들립니다. 누구나 넘어집니다. 하지만 중요한 건 그 흔들림 속에서도 다시 예수님을 붙잡을 수 있느냐는 것입니다.

이 책은 잘 믿자는 말로 끝나지 않습니다. 어떻게 믿을 것인가를 함께 고민하는 여정입니다. 그래서 이 책의 각 장은 여러 청년의 삶 속에서 마주한 고민과 부딪힌 현실을 바탕으로 구성했습니다. 등장하는 청년들의 이야기는 모두 실명이 아닌, 제가 그동안 만나 온 수많은 청년의 삶과 고민을 토대로 재구성한 이야기입니다.

이 책에 담긴 이야기들은 누군가의 특별한 간증이 아닙니다. 오히려 너무 흔해서, 아무도 깊이 말해 주지 않았던 이야기들입니다. 그런데 정작 청년들은 그 지점에서 가장 많이 흔들리고, 가장 깊이 고민합니다. 그리고 때로는 누구에게도 솔직히 말하지 못한 채 혼자 버티려 애씁니다. 그래서 저는 이 책이 그 버팀의 자리에 작은 등불이 되었으면 좋겠습니다. 누군가 등을 토닥여주듯 이 글들이 그렇게 다가갈 수 있기를 바랍니다.

  이 책의 모든 문장은 정답을 말하려는 것이 아닙니다. 오히려 함께 묻고, 함께 걸어가자는 마음으로 써 내려간 글입니다. 때로는 아주 짧은 기도 한 줄로 시작할 수 있고, 때로는 깊은 고민 끝에 한 장을 천천히 넘기게 될 수도 있습니다. 그 어떤 방식이든 괜찮습니다. 중요한 건 이 책을 통해 자신의 신앙을 돌아보고, 하나님 앞에 솔직해지는 시간이 되기를 바라는 것입니다.

  한번에 모든 것을 해결하지 않아도 괜찮습니다. 당장 뜨거운 결단이 생기지 않아도 괜찮습니다. 중요한 건 돌아보는 것입니다. 그리고 예수님께로 다시 돌아가는 것입니다. 하나님은 완벽한 청년을 원하시지 않습니다. 하나님을 진짜 붙들고자 하는 마음을 찾으십니다. 이 책을 통해 그 마음이 조금이라도 회복된다면, 그것으로 충분하다고 믿습니다.

  지치고 흔들릴 수 있습니다. 하지만 다시 일어날 수 있다는 걸 기억했으면 좋겠습니다. 하나님은 그런 우리를 외면하지 않으시고, 언제나 기다리고 계십니다. 조금 늦어도 괜찮습니다. 다시 시작하면 됩니다. 이 책이 그 시작을 도울 수 있다면, 그것만으로도 저는 충분히 기쁩니다. 당신의 걸음이 어느 자리에서든 하나님께로 향하게 되기를 진심으로 바랍니다.

제 1 장

구원의 감격, 지금도 내 안에 살아 있나요?

1. 처음, 예수님을 진짜 만난 날
2. 구원 이후, 예수님과의 동행
3. 예수님을 믿었는데, 왜 여전히 나답지?
4. 어느 순간 형식적으로 변해 버린 신앙
5. 주님! 저는 주님의 은혜 없이는 살아갈 수 없는 연약한 죄인입니다
6. 예수님과 함께 오늘을 살아간다

1 처음, 예수님을 진짜 만난 날

그녀는 고등학교 때까지만 해도 신앙에 대한 고민은 없었다. 주일이면 당연히 예배 가고, 수련회도 빠지지 않고 참석했다. 모태신앙이니까. 부모님부터 시작해서 할머니 할아버지, 그리고 삼촌 고모들까지도 다 교회에 다니는 집안이었다. 어릴 적부터 성경 이야기도 줄줄 외웠고, 성경 퀴즈 대회에서도 상을 받았다. 그런데 문제는 정작 그녀는 예수님을 만났던 적이 없었다는 것이다. 그녀는 수많은 예배 자리에 있었지만, 예수님이 정말 살아 계신다는 생각은 한 번도 해 본 적이 없었다. 예배는 정해진 시간에 반복되는 일과였고, 기도는 자연스러움보다 습관에 가까웠다.

신앙은 있었지만, 그 중심에 예수님이 실제로 계신지는 한 번도 진지하게 생각해 본 적이 없었다. 그런 그녀가 대학교에 입학하면서 한 친구를 만나게 된다. 같은 과에서 함께 과제를 하며 자연스럽게 가까워졌다. 이야기를 나누다 보니 그 친구도 교회에 다니고 있었다. 그런데 그 친구는 뭔가 달랐다. 말투, 행동, 그리고 사람을 대하는 태도까지 어딘가 가볍지 않았다. 그 친구의 신앙은 삶 전체에 묻어 있었다.

그녀는 궁금해졌다. '어떻게 하면 저렇게 믿을 수 있을까? 나는 어릴 때부터 교회에 다녔는데, 왜 나는 저런 믿음이 없을까?' 며칠 뒤,

둘이 대화를 나누던 중 그 친구가 말했다.

나, 고등학교 때 친구 따라 처음 교회에 갔거든. 수련회를 갔는데 그 때 예수님을 인격적으로 만나게 됐어.

그녀는 그 말을 듣고 잠시 아무 말도 하지 못했다. 예수님을 인격적으로 만났다는 표현이 너무 생소했다. 한 번도 들어본 적이 없었고, 그래서 그런지 자신에게는 너무 낯선 개념이었다. 무엇보다 놀라웠던 건, 그 친구가 어릴 때부터 교회를 다닌 것도 아니라는 사실이었다. 자기는 평생 교회를 다녔는데, 정작 예수님을 만났다고 말하는 건 그 친구 쪽이었다.

기숙사로 돌아오는 길에도 그 말이 머릿속을 계속 맴돌았다. 나는 예수님을 만난 적이 있었는지, 단지 알고만 있었던 것은 아닌지 하는 생각들이 머릿속에서 떠나질 않았다. 그날 이후, 그녀는 처음으로 신앙에 대해 진지하게 고민하기 시작했다. 예배를 드릴 때마다, 기도할 때마다 한 가지 질문이 마음속에 계속 떠올랐다. '나도 예수님을 만날 수 있을까?' 라는 물음이었다.

그러면서 기도의 내용도 달라지기 시작했다. 그전까지는 시험을 잘 보게 해달라거나, 하루를 무사히 보내게 해 달라는 형식적인 말이 전부였다. 하지만 이제는 마음 깊은 곳에서 예수님을 만나고 싶다고 고백했다. 그 마음을 누구에게 설명할 순 없었지만, 스스로 분명히 알고 있었다. 그리고 어느 날, 예배 중에 말씀을 읽는데 그 말씀이

녀의 마음을 깊이 흔들었다.

> 볼지어다 내가 문 밖에 서서 두드리노니 누구든지 내 음성을 듣고 문을 열면 내가 그에게로 들어가 그와 더불어 먹고 그는 나와 더불어 먹으리라(계 3:20).

그 말씀을 듣는 순간, 그녀는 알았다. 지금까지 자신은 스스로 문을 열어 본 적이 없었다는 것을 …. 예수님은 늘 자리에 계셨지만, 자신은 그분에 대해 배우기만 했지, 그분을 진짜로 받아들이려고 한 적은 없었다는 것을. 그녀는 눈물을 쏟아 내며 예수님을 진심으로 믿고 따르겠다고 고백했다. 그리고 그날 이후 그녀의 신앙은 완전히 새로워지기 시작했다. 우리 인생에도 그런 뜻밖의 만남이 찾아올 수 있다. 단지 교회를 다니는 것에서 그치지 않고, 예수님을 실제로 만나는 순간이 반드시 필요하다.

예수님은 지금으로부터 약 2천 년 전, 로마제국의 압제 아래 있었던 유대 땅, 베들레헴이라는 작은 마을에서 태어나셨다. 목수의 집안에서 자라셨지만, 그분은 단순한 인간이 아니었다. 하나님께서 보내신 아들이셨다. 예수님의 생애는 길지 않았다. 33년의 짧은 삶. 그중에서 공적으로 사역하신 시간은 고작 3년 남짓이었다. 하지만 그 짧은 시간 동안 그분은 병든 자를 고치시고, 눈먼 자를 보게 하셨으며, 죽은 자를 다시 살리셨다. 그리고 사람들에게 하나님의 나라가 어떤 곳인지 선포하셨다.

예수님은 자신이 하나님의 아들이며, 하나님으로부터 보내심을 받은 자임을 말씀하셨다. 그분의 말씀과 행하신 기적은 당시 종교 지도자들에게 큰 위협이 되었다. 그들은 예수님이 율법을 무시하고 백성을 미혹한다고 여겼고, 예수님에 대한 백성들의 지지가 자신들의 자리를 흔들 수 있다는 위기의식도 느꼈다. 결국, 그들은 예수님을 위험한 인물로 간주했고, 여러 모함 끝에 예수님은 체포되어 십자가에 못 박혀 죽임을 당하게 된다.

예수님은 죄가 없으셨다. 그분은 단 한 번도 하나님의 뜻에서 벗어난 적이 없었다. 그런데도 십자가에서 죽으신 이유는, 바로 우리의 죄 때문이었다. 성경은 모든 사람이 죄인이라고 말한다. 여기서 말하는 죄는 단순히 나쁜 행동이 아니다. 하나님 없이 내 마음대로 살아가려는 태도 그 자체가 죄다. 내가 기준이 되어 옳고 그름을 판단하고, 하나님의 뜻보다는 내 뜻을 따르려는 마음. 그게 바로 죄의 본질이다.

하나님은 거룩하신 분이기 때문에 죄와 함께 하실 수 없다. 죄는 하나님과의 관계를 끊고, 우리를 영적으로 죽은 상태에 이르게 만든다. 그리고 그 죄의 결과는 반드시 심판과 죽음이다. 하지만 하나님은 우리를 포기하지 않으셨다. 우리를 다시 살리기 위해 우리가 받아야 할 죄의 대가를 예수님이 대신 짊어지셨다. 예수님의 십자가는 우연이 아니었다. 하나님께서 오래전부터 계획하신 인류를 위한 구원의 길이었다.

예수님은 십자가에 죽으셨고, 사흘 만에 다시 살아나셨다. 그 부활은 예수님을 믿는 자에게 영원한 생명을 주시겠다는 약속의 증거였다. 이제 중요한 질문이 남는다. 당신은 예수님을 어떻게 받아들이고 있는가? 예수님을 믿는다는 것은 단지 그분의 존재를 인정하는 것이 아니다. 그분이 나의 죄를 위해 죽으셨고, 지금도 살아계셔서 내 삶을 이끄시는 유일한 구주시며, 유일한 왕이심을 인정하는 것이다.

예수님을 그냥 알고 있는 존재로 두는 것이 아니라, 그분 앞에 내 삶을 내려놓고 이제는 그분의 다스림을 따라 살아가겠다고 고백하는 것이다. 그녀처럼 우리도 예수님을 인격적으로 만나야 한다. 지금까지 교회는 다녔지만, 그분을 진짜로 모셔 드린 적이 없었다면, 지금이 바로 그 문을 여는 시간일 수 있다. 예수님은 지금도 문밖에 서서 우리의 마음을 두드리고 계신다.

"주님!
지금 제 마음의 문을 엽니다. 예수님, 제 안에 오셔서 진짜 주인이 되어 주세요."

② 구원 이후, 예수님과의 동행

　예수님을 영접한 그녀는 하루하루가 새롭고 즐겁다. 겉으로 보기엔 달라진 것이 없지만, 마음속에서는 분명한 변화가 있었다. 가장 큰 이유는 예수님을 인격적으로 만났기 때문이다. 지금까지 살아오면서 그녀는 자신을 죄인이라고 생각해 본 적이 한 번도 없었다. 어릴 때부터 교회를 다니면서 설교 시간에 "우리는 모두 죄인입니다"라는 말씀을 수없이 들었지만, 그 말이 자신과는 상관없는 이야기처럼 느껴졌었다.

　죄는 나쁜 행동을 한 사람에게 해당한다고 생각했고, 자신은 나름대로 잘 살아가고 있다고 여겼다. 그런 그녀가 처음 예수님을 만나고 싶다고 기도했을 때, 뜻밖의 일이 일어났다. 기도 중에 자신의 마음속 깊은 곳을 마주하게 된 것이다. 겉으로는 문제없어 보였던 삶이 하나님 앞에서는 얼마나 자기중심적이었는지를 깨닫게 되었다. 그녀는 그때 처음으로 자신이 죄인이라는 사실을 깊이 인정하게 되었다.

　며칠 동안 회개의 기도를 멈출 수 없었다. 진심을 담아 기도하며, 눈물을 흘렸다. 그렇게 기도하던 어느 순간, 설명할 수 없지만 분명하게 알 수 있었다. 예수님께서 내 죄를 용서하셨다는 확신이 마음에 찾아온 것이다.

그녀는 감사했다. 자격 없는 자신에게 구원을 선물로 주신 하나님께 처음으로 진심 어린 감사를 드릴 수 있었다. 그리고 그 이후, 그녀의 삶에는 분명한 변화가 나타났다. 이전에는 내가 무엇을 해야 즐거울지만 생각했는데, 이제는 내가 무엇을 해야 예수님이 기뻐하실지를 먼저 생각하게 되었다.

예배도 달라졌다. 그전까지는 지루하게 느껴졌던 시간이 이제는 기다려지는 시간이 되었다. 말씀이 귀에 들어오기 시작했고, 목사님의 설교가 마음을 울리기 시작했다. 종종 부모님께서 "말씀이 꿀보다 달다"라고 말씀하시던 이유를 이제야 이해하게 되었다. 자연스럽게 기도와 말씀도 내 삶의 한 부분이 되었다. 매일은 아니었지만, 꾸준히 하나님과 시간을 가지려 노력했다. 그러면서 예수님을 위해 살고 싶다는 마음이 생겼다. 예수님을 만나기 전에는 전혀 몰랐던 기쁨. 그 기쁨이 이제는 그녀의 삶의 중심이 되어 가고 있었다.

우리는 그녀의 이야기를 통해 한 가지 중요한 사실을 알게 된다. 예수님을 만났다고 해서 모든 것이 끝나는 것이 아니란 것을 …. 오히려 진짜 믿음은 그때부터 시작된다. 구원은 단지 과거의 감격이 아니라 앞으로 살아갈 새로운 삶의 시작이다. 예수님을 믿는다는 것은 단지 그분을 구주로 인정하는 것에서 끝나지 않는다. 그분을 삶의 주인으로 따라가는 것까지 포함된다. 그래서 구원 이후, 우리는 예수님과 함께 살아가는 법을 배워야 한다.

그렇다면 우리는 어떻게 예수님과 동행하며 살아갈 수 있을까?

예수님과 동행한다는 것은 매일의 삶 속에서 예수님을 의식하며 살아가는 것이다. 예배를 드릴 때만이 아니라, 학교에서 공부할 때에도, 사람을 대할 때에도, 심지어 혼자 있을 때도 예수님이 함께 계신다는 것을 알고 살아가는 것이다.

다시 말해서, 내가 지금 무엇을 하든, 어디에 있든 예수님이 나와 함께 계신다는 사실을 기억하는 것이다. 이건 우리에게 있어서 매우 중요한 변화다. 신앙은 결국 하나님을 의식하는가 하지 않는가에 따라 전혀 다른 방향으로 흘러가기 때문이다.

예수님을 의식하지 않으면 우리는 결국 우리의 감정과 본능대로 살아간다. 예를 들어, 기분이 나쁘면 말이 거칠어진다. 사람이 밉거나 불편하면 쉽게 미워하고 피한다. 누군가와 비교되면 질투하고, 작은 손해에도 불만이 쏟아진다. 예수님을 믿는 사람도 그분을 의식하지 않으면 결국 이전과 다를 바 없는 삶을 살게 된다.

하지만 예수님을 의식하면 모든 것이 달라진다. 같은 상황인데도 내 반응이 달라진다. 말을 할 때, 예수님이 듣고 계신다는 것을 알게 된다면 함부로 말하지 않게 된다.

사람을 대할 때, 예수님이 그 사람도 사랑하신다는 사실을 기억한다면 참고 배려하려고 노력하게 된다. 어떤 결정을 앞두고 예수님이 무엇을 기뻐하실지를 먼저 떠올리면 그 선택이 달라진다. 예수님을 의식하는 삶은 정말 단순하지만, 삶 전체를 바꾸는 힘이 있다. 예수님을 의식하기 시작하면 예배가 달라지고, 기도가 달라지고, 삶의 태도 하나하나가 달라지기 시작한다.

그래서 우리는 예수님을 의식하는 훈련을 해야 한다. 매일 하루를 시작할 때 오늘도 예수님과 함께 시작한다는 마음으로 하루를 열어가야 한다. 그리고 중요한 말을 하기 전에 지금 내가 해야 할 이 말이 예수님 앞에서 어떤 의미일지를 자신에게 물어볼 수 있다.

처음에는 잊어버릴 수도 있다. 몇 번은 놓칠 수도 있다. 하지만 계속 연습하면 예수님을 의식하는 시간이 조금씩 늘어난다. 그분을 자주 떠올릴수록 삶의 중심도 자연스럽게 예수님께로 향하게 된다. 예수님과 동행한다는 것은 특별한 사람들만 누리는 영적 특권이 아니다. 우리가 모두 걸어가야 할 신앙의 기본이다.

예수님을 의식하는 것은 선택이 아니라 습관이다. 그 습관은 우리의 신앙을 흔들리지 않게 만들어 준다. 예수님을 의식하지 않는 신앙은 쉽게 흐트러지고 흔들린다. 예수님을 떠올리지 않으면 우리는 어느새 예수님 없는 신앙생활을 하고 있을지도 모른다. 그래서 의식은 단순하지만, 신앙의 핵심이다.

지금 당신은 예수님을 얼마나 자주 의식하고 있는가? 하루에 단 1분이라도 예수님을 기억하지 않고 살아가고 있다면 우리는 동행하고 있는 것이 아니다. 동행은 함께 걷는 것이다. 함께 걷기 위해서는 항상 그분을 바라보고 있어야 한다. 지금부터 연습하면 된다. 아주 작은 순간이라도 예수님을 떠올리는 것. 내 생각, 내 말, 내 행동의 중심에 예수님이 계신다는 사실을 계속 기억하는 것이다.

"주님!
오늘도 제 모든 순간 가운데 함께해 주세요. 제가 하는 말과 행동 속에 항상 예수님을 의식하며 살게 해 주세요."

3 예수님을 믿었는데, 왜 여전히 나답지?

그녀는 예수님을 인격적으로 만난 이후, 한동안 성령 충만한 삶을 살았다. 말씀을 읽는 것이 즐거웠고, 기도하는 시간이 기다려졌다. 하루하루가 감사했고, 무엇을 하든지 예수님이 함께 계신다는 확신이 있었다. 주일 예배뿐만 아니라, 삶의 작은 순간들까지 예수님과 동행하고 있다는 생각이 자연스러웠다.

그런데 어느 날부터인가 이상한 생각들이 스며들기 시작했다. 이전에는 마음에 걸렸던 행동들이 다시 아무렇지도 않게 떠오르기 시작한 것이다. 남을 은근히 판단하던 습관, 필요 이상으로 관심받고 싶어 하던 태도. 그리고 말을 통해 사람을 조종하려 했던 지난 모습들. 그 모든 것이 어느새 다시 익숙하게 느껴지기 시작했다. 가끔은 예전에 즐겨보던 유튜브 영상을 다시 찾게 되었다. 그리고 친구들과의 대화 속에서 믿지 않던 시절의 웃긴 이야기나 추억이 더 생생하게 다가왔다.

그 시절이 그립지는 않았지만, 문득 마음 한구석에서 '그때가 더 편했던 건 아닐까?'라는 생각이 들기도 했다. 처음엔 그냥 피곤해서 그런 줄 알았다. 신앙에 소홀해진 건 아닐까 싶어 기도를 더 해 보기도 했고, 말씀도 꾸준히 읽으려고 노력했다. 그런데도 마음속은 바뀌지 않았다. 예수님과 함께 걸어간다고 믿었지만, 그 걸음 안에서 계속해서 예전의 자아가 고개를 들고 있었다.

그녀는 혼란스러웠다. '왜 이런 마음이 드는 걸까? 나는 예수님을 만났고, 분명 구원을 받았다. 그런데 왜 다시 이런 유혹과 싸워야 하는 걸까?' 그녀는 자신에게 실망했다. 예수님을 만난 이후 모든 것이 달라졌다고 생각했다. 신앙이란 더는 흔들릴 일이 없는 줄 알았다. 그런데 다시 옛날 생각과 옛 모습으로 돌아가는 자신을 바라보며, 마음이 무너졌다.

그녀는 '정말 내가 예수님을 만났던 게 맞을까?'라며 자신을 의심하기 시작했다. 예수님을 만나면 더는 옛사람처럼 살지 않을 줄 알았는데, 이렇게 쉽게 무너지는 자신에게 너무 실망했다. 기도해도 예전처럼 집중이 되지 않았고, 말씀을 읽어도 마음이 잘 열리지 않았다. 예배 시간에도 예전만큼 은혜가 되지 않았다.
'신앙이 식은 건 아닐까? 하나님이 멀어진 건 아닐까?' 자신에 대한 실망은 곧 하나님 앞에서 느끼는 부끄러움으로 이어졌다.

우리는 여기서 한 가지 중요한 사실을 알 수 있다. 예수님을 믿는다고 해서 죄가 사라지는 게 아니라는 점이다. 오히려 그때부터 진짜 싸움이 시작된다. 전에는 죄를 죄라고 느끼지 못했지만, 이제는 죄를 알게 되었고, 그 죄와 맞서 싸워야 하는 자리에 서게 된 것이다. 죄는 여전히 우리 안에 남아 있다. 완전히 사라진 것이 아니라, 교묘하게 틈을 타서 다가온다. 마치 아무 일도 없었다는 것처럼, 편안하게 다시 자리를 잡으려고 한다. 우리가 피곤하거나 마음이 느슨해질 때 죄는 조용히 그 틈을 노린다. 그리고 죄는 결코 낯선 얼굴로 다가오지 않는다. 오히려 아주 익숙한 모습으로 아무렇지 않게 우리 곁에 다시 앉는다.

죄는 전에 내가 좋아했던 습관, 한때 재미있다고 여겼던 대화, 편하다고 느꼈던 관계 속에 조용히 스며든다. 예를 들면, 은밀하게 반복되던 인터넷 중독. 관심받고 싶어 하는 과한 SNS 사용. 어디서든 인정받으려는 욕심 같은 것들 말이다. 이전엔 그냥 내 성향이라 생각했지만, 지금은 마음을 흐리게 만드는 죄의 도구가 될 수 있다.

처음엔 별일 아니라고 넘긴다. 한 번쯤은 괜찮겠지, 다들 이 정도는 하니까 괜찮을 거라고 생각한다. 그렇게 자기합리화가 시작된다. 그러다 보면 어느새 죄는 다시 삶의 중심을 차지하려 든다.
그때부터 다시 혼란스러워진다. 기도가 막히고, 말씀이 들어오지 않는다. 그리고 예배가 점점 무감각해진다. 죄는 그렇게 우리를 조금씩 둔감하게 만든다. 처음엔 찔림이 있었는데 그걸 몇 번 무시하고 나면 이젠 마음이 무뎌진다.
그리고 어느 순간 "예전에도 이랬는데, 뭐 괜찮았잖아"라며 다시 과거로 돌아간다. 그게 바로 죄가 원하는 것이다.

그래서 우리는 싸워야 한다. 그냥 두면 우리는 다시 죄에 끌려간다. 예수님을 믿는다는 것은 죄에 대해 눈이 열렸다는 뜻이다. 이전에는 죄와 함께 살았지만, 이제는 그 죄와 싸워야 한다. 죄를 주인 삼아 살아가던 삶에서, 이제는 예수님을 주인으로 모신 삶으로 바뀌었기 때문이다. 그래서 우리는 죄를 허용할 수 없다. 예전에는 자연스러웠던 일이 이제 예수님 앞에서 부끄러운 일이라면, 그 순간 우리는 멈추어야 한다.

죄는 더 이상 우리가 기댈 수 있는 위안이 아니다. 이제는 반드시 싸워야 할 대상이다. 죄가 유혹할 때마다 예수님이 기뻐하실지를 먼저 생각해야 한다. 내가 하고 싶은 말이 있어도 예수님이 원하실지를 먼저 점검해야 한다. 그 작은 멈춤이 죄와의 싸움에서 시작점이 된다. 죄는 결코 단번에 사라지지 않는다. 때로는 매일 같은 싸움을 반복하게 될 수도 있다. 하지만 기억해야 한다. 지금 이 싸움은 구원을 얻기 위한 싸움이 아니다. 이미 구원받은 자로서 그 구원에 합당하게 살기 위한 싸움이다. 이 싸움은 실패해도 끝나지 않고, 넘어져도 다시 일어설 수 있는 싸움이다.

우리는 강해서 이기는 것이 아니다. 예수님이 우리 안에 계시기 때문에 다시 일어설 수 있는 것이다. 내가 약할수록 그분은 더욱 강하게 역사하신다. 그러니 절대로 포기하지 말아야 한다. 예수님을 믿는다고 해서 삶이 매번 산뜻하고 멋지게 흘러가진 않는다. 그러나 그 안에 싸움이 있다는 건, 이미 당신 안에 성령님이 살아 계신다는 증거다.

  죄가 불편해지기 시작했다면, 당신은 지금 잘 가고 있다. 그러니 오늘도 싸워야 한다. 지지 말고, 물러서지 말아야 한다. 말씀과 기도로 무장해야 하며 죄와 거리를 두어야 한다. 예수님은 지금도 싸우는 우리를 보고 계신다. 넘어지는 순간보다 다시 일어나 걷는 모습을 더 기뻐하신다. 그러니, 싸우자. 끝까지 예수님 편에 서서 싸우자. 죄와 싸우는 몸부림이 예수님과 함께 걷는 진짜 믿음의 길이다.

"주님!
죄와 싸우는 이 싸움에서 매일 주님의 도우심을 구합니다. 넘어져도 다시 일어날 수 있도록 제 안에 힘을 부어 주세요."

4 어느 순간 형식적으로 변해 버린 신앙

그녀는 어느 순간부터 예수님을 인격적으로 만났던 감격이 점점 희미해지는 것을 느꼈다. 처음에는 말씀이 살아 있는 것 같았고, 기도할 때마다 마음이 뜨거웠다. 무엇을 하든지 예수님과 함께하고 있다는 확신이 있었다. 어떤 선택 앞에서도 기도로 묻는 것이 자연스러웠다. 하지만 그 모든 것이 조금씩 무뎌지고 있었다. 분명히 예배에 참석하고, 말씀도 읽고 있었지만, 예전 같지 않았다.

그녀에게 이런 변화가 갑자기 찾아온 것은 아니었다. 처음은 작은 타협이었다. 죄의 유혹이 다시 마음을 흔들었을 때, 그녀는 싸우기를 포기했다. 회개하기보다는 무시했고, 저항하기보다는 외면했다. 마음속에서 죄와 싸우려는 의지를 내려놓기 시작하자 죄는 점점 깊숙이 들어왔다. 그렇게 예전의 습관들이 다시 고개를 들었다. 그리고 어느 순간, 예수님과의 친밀감은 점점 멀어지고 있었다.

기도는 여전히 하고 있었다. 그러나 정해진 말만 반복하는 습관이 되어 있었다. 마음에서 우러나오기보다는, 그냥 해야 하니까 하는 기도였다. 말씀도 매일 읽긴 했지만, 눈으로만 읽는 날이 많았다. 마음에 남는 것도 없고, 삶에 적용되는 것도 없었다. 그러다 보니 어느새 예수님을 떠올리는 시간도 줄어들었다. 하루를 살아도 예수님을 기억하지 않고 지나가는 날이 점점 많아졌다.

무엇보다 심각했던 건, 자신의 상태를 더 이상 문제로 여기지 않게 되었다는 것이다. 죄가 들어왔지만, 그것에 대한 민감함은 사라졌다. 처음엔 양심이 찔렸지만, 몇 번 무시하고 지나가다 보니 이제는 익숙해졌다. 하나님 없이도 괜찮은 것처럼 느껴졌다. 예수님 없이도 신앙생활이 가능한 것처럼 착각하게 되었다.

사람들은 여전히 그녀를 신앙 좋은 사람으로 보았다. 말투도 조심했고, 예배도 빠지지 않았다. 사람들의 눈에 보이는 신앙생활은 계속해서 잘 유지되고 있었다. 그러나 그녀는 자신을 알고 있었다. 지금 자신의 신앙이 얼마나 공허한지를. 예수님과의 관계가 멀어졌다는 걸 누구보다 뼈저리게 느끼고 있었다. 하지만 너무 오랜 시간 그렇게 살아오다 보니, 다시 어떻게 돌아가야 할지조차 막막했다.

왜 그녀는 이렇게 형식적인 신앙에 빠지게 되었을까? 가장 큰 이유는 죄와의 싸움을 포기했기 때문이다. 죄는 결코 가만히 있지 않는다. 우리가 싸우기를 멈추는 순간, 죄는 주도권을 잡고 삶을 장악하기 시작한다. 그리고 죄가 들어오면 예수님은 밀려난다. 예수님은 죄와 함께 머물지 않으시기 때문이다. 결국, 죄와 타협한 삶은 예수님 없는 삶이 되고 만다.

형식적 신앙은 겉으로 보기엔 문제가 없어 보인다. 예배도 드리고, 기도도 하고, 성경도 읽는다. 심지어 사람들 눈에는 신앙이 좋은 사람처럼 보이기도 한다. 하지만 그 안을 들여다보면 예수님이 계셔야 할 자리에 내가 앉아 있다. 처음에는 기도할 때 마음이 뜨겁고, 말씀을 읽을 때 감동이 있었다. 예배를 드릴 때마다 진심이 담겼고, 삶 속에서도 항상 예수님께 물었다. 그런데 언제부턴가 그 감격이 사라졌다. 기도는 습관이 되었고 말씀은 눈으로만 읽고 지나갔다. 예배는 참여는 하지만, 마음은 딴 데 가 있다. 자신도 모르게 예수님과의 관계는 멀어져 있다.

형식적인 신앙은 그 상태가 오래되어도 불편하지 않다. 회개도 하지 않고, 죄에 민감하지도 않다. 오히려 괜찮다고 느낀다. 겉모습은 여전히 신앙이 좋아 보이기 때문이다. 여전히 교회를 다니고 있고, 예배도 안 빠지니까 그럭저럭 잘 믿고 있다고 착각하게 된다. 그런데 진짜 문제는 바로 거기에 있다. 자신의 상태를 문제로 느끼지 못하는 것. 예수님 없이도 살아가고 있다는 사실을 심각하게 여기지 않는 것. 이게 형식적인 신앙의 가장 무서운 모습이다.

형식적인 신앙에서 벗어나기 위해서는 무엇보다 먼저 예수님께로 돌아가야 한다. 신앙은 언제나 예수님과의 관계에서 시작된다. 그분이 보이지 않고, 마음이 식었다고 느껴질 때 먼저 해야 할 일은 주님 앞에 나아가는 것이다. 예수님은 언제나 기다리시는 분이다. 내가 돌아서기만 하면 그분은 멀리 계시지 않는다.

그래서 회복의 첫걸음은 솔직한 고백이다. 내 마음이 멀어졌다고, 예수님을 잊고 살았다고 정직하게 말하는 것이다. 그 고백은 작지만 믿음의 회복을 위한 가장 중요한 시작이다. 그리고 예수님이 원하시는 방향으로 다시 발을 내디뎌야 한다. 기도의 자리를 회복하고, 말씀 앞에 다시 앉아야 한다. 그리고 매 순간 그분을 의식하며 살아가야 한다.

지금이라도 괜찮다. 많이 멀어졌다고 느껴져도 상관없다. 처음처럼 뜨겁지 않아도 괜찮다. 중요한 건, 지금 내가 다시 시작하려는 마음이다. 이 순간, 예수님을 향해 한 걸음만 내딛는 것이다. 나는 무너질 수 있지만, 예수님은 무너지지 않으신다. 나는 변할 수 있지만, 예수님은 변하지 않으신다. 예수님은 우리가 처음 만났던 그 사랑으로 지금도 우리를 부르고 계신다. 그러니 멈추지 말자. 주저앉지 말자. 다시 시작하자. 예수님과 함께 걷는 그 첫사랑의 신앙을 다시 회복하자.

"주님!
형식만 남은 신앙에서 벗어나 다시 주님을 마음 중심에 모시게 하소서. 잊고 지냈던 주님의 사랑을 다시 기억하며, 처음 사랑으로 돌아가게 하소서."

5

주님! 저는 주님의 은혜 없이는 살아갈 수 없는 연약한 죄인입니다

한때 그녀는 형식적인 신앙에 빠져 있었다. 예배에 참석했지만, 마음은 딴 데 있었다. 말씀은 읽었지만, 삶에 아무런 변화가 없었다. 기도도 습관처럼 흘러갔다. 자신도 모르게 예수님이 없는 신앙생활이 되어 있었다. 그날도 평소와 다를 것 없는 예배였다. 그녀는 자리를 잡고 앉아 찬양을 불렀고, 말씀을 들었다. 아무 생각 없이 설교를 듣고 있었다. 마치 내용은 들리는데 마음에는 아무것도 남지 않는 것 같았다. 그런데 그날따라 목사님의 말 한마디가 마음에 박혔다.

> 신앙은 연습하는 게 아닙니다. 예수님 없이는 단 하루도 살 수 없다는 사람만이 진짜 은혜를 붙잡습니다.

그 순간 그녀는 숨이 멎는 듯했다. 그리고 자신에게 되물었다. '나는 예수님 없이는 단 하루도 살 수 없는 사람인가?' 그 질문 앞에서 그녀는 아무 대답도 할 수 없었다. 오히려 예수님 없이도, 지금까지 꽤 잘 지내 온 것 같다는 사실이 그녀를 스스로 더 당황스럽게 했다. 예배가 끝나고 돌아오는 길, 그녀는 자꾸만 그 문장을 곱씹었다. '예수님 없이는 단 하루도 살 수 없는가?' 집으로 돌아온 그녀는 그 자리에서 처음으로 정말 오랜만에 무릎을 꿇고 기도하기 시작했다. 그리고 마침내 울음을 터뜨렸다.

"주님!
제가 얼마나 주님 없이도 괜찮다고 착각하고 있었는지 모릅니다."

그녀는 그날 처음으로, 자신이 얼마나 연약한 사람인지를 뼈저리게 느꼈다. 처음 그녀는 자신의 성실함으로 믿음을 유지할 수 있다고 생각했었다. 하지만 그것은 착각이었다. 조금만 방심하면 죄에 무너지고, 말씀 앞에서도 무감각해진다는 것을 알게 되었다. 기도 없이 하루가 흘러가도 괜찮다고 생각하는 자신을 마주한 것이다.

그리고 그날 이후, 그녀는 달라졌다. 형식적인 신앙에서 깨어났다고 말하기엔 아직 갈 길이 멀었지만, 분명한 것은 더 이상 예수님 없이 살 수 없다는 사실을 마음 깊이 깨닫게 되었다는 점이었다. 그녀는 이제 매일 아침, 예수님 앞에 앉는다. 긴 기도를 하진 못하지만 짧더라도 진심으로 "주님, 오늘도 저를 붙들어 주세요"라고 고백한다.

성경 한 장을 넘기더라도, 마음을 다해 읽는다. 이전처럼 감정이 폭발하지 않아도 괜찮다. 이제는 은혜를 사모하는 마음이 생겼기 때문이다. 무엇보다 자신이 연약한 자라는 사실을 인정하게 되었다. 죄 앞에선 여전히 흔들리고 마음이 쉽게 무뎌지는 자신을 알기에 더 이상 자신을 믿지 않는다. 대신, 오직 주님의 은혜만을 의지한다. 그녀는 지금도 완벽하지 않다. 하지만 날마다 다시 예수님께 나아가고 있다. 하루를 살아도 주님의 은혜 없이는 살 수 없다는 고백으로 분명하게 그 길을 걸어가고 있다.

신앙이 식어 버리는 이유는 간단하다. 은혜 없이 살 수 있다는 착각 때문이다. 예수님 생각 없이도 한 주를 지나면서도 아무 문제 없다고 느낀다면 우리는 형식적인 신앙 속으로 미끄러지기 시작한다. 신앙은 감정이 아니라 관계다. 예수님과의 관계가 끊기면, 신앙은 껍데기만 남는다. 말씀도, 기도도, 예배도 더 이상 나를 살리는 은혜의 통로가 되지 못하고 의무감이나 습관으로만 이어지게 된다.

내가 다시 말씀을 펼 수 있게 만드는 힘. 내 입에서 다시 기도가 터져 나오게 만드는 힘. 예배가 다시 살아 있는 시간으로 회복되게 하는 그 모든 시작이 바로 은혜다. 은혜는 내가 얻는 무기가 아니다. 내가 아무것도 할 수 없다는 걸 인정할 때, 하나님이 먼저 나를 붙드는 힘이 은혜다. 그렇다면 은혜는 누구에게 주어지는가? 하나님은 아무에게나 은혜를 흘려보내시지 않는다.

자신이 연약하다는 걸 인정하고, 은혜 없이는 살 수 없다고 부르짖는 자에게 주신다. 자신의 의로 버티는 자가 아니라, 하나님의 자비를 갈망하는 자에게 그 은혜를 허락하신다. 은혜는 겸손한 마음 위에 임한다. 자신의 상태를 부끄러워하며, "하나님, 저는 주님 없이는 하루도 살 수 없습니다"라고 고백하는 그 처절함 위에 하나님은 은혜를 부으신다. 그래서 은혜를 받기 위해선 먼저 나의 한계를 인정해야 한다.

신앙이 흔들릴 수밖에 없는 사람이란 걸 받아들여야 한다. 죄 앞에 쉽게 무너지는 자라는 걸 고백해야 한다. 그리고 하나님의 도우심 없이는 아무것도 할 수 없는 사람이라는 걸 깨달아야 한다. 은혜는 그냥 감동이 아니다. 살아 있는 힘이고, 날마다 견디게 만드는 능력이다. 그래서 우리는 은혜를 사모하며 살아야 한다.

말씀 앞에 앉을 때 "하나님, 오늘도 제게 말씀해 주세요. 제 마음을 살려 주세요"라고 기도할 수 있어야 한다. 기도할 때 "주님! 기도조차 하기 어려운 저를 오늘도 붙들어 주세요"라고 말할 수 있어야 한다. 예배 자리에서 "하나님! 오늘도 제가 주님 앞에 무릎 꿇게 해 주세요"라고 말할 수 있어야 한다. 은혜는 그렇게 사모하는 자에게 임한다. 간절함이 있는 자에게, 매달리는 자에게 말이다.

그러므로 우리는 오늘도 결단해야 한다. 예수님 없이는 단 하루도 살 수 없다는 고백이 오늘 우리의 고백이 되어야 한다. 은혜가 있어야 우리는 다시 회복될 수 있다. 은혜가 있어야 말씀에 순종하며 살아갈 수 있다. 그래서 우리는 매일 은혜를 구해야 한다. 한순간이라도 주님의 은혜 없이는 살아갈 수 없다는 고백이 우리의 신앙을 다시 세우는 첫걸음이다.

은혜는 스스로 강하다고 생각하는 자에게 임하지 않는다. 자신의 연약함을 인정하고, 하나님을 간절히 찾는 자에게 부어지는 하나님의 선물이다. 지금 다시 시작하면 된다. 작은 고백 하나면 충분하다. "하나님, 은혜 없이는 저는 아무것도 할 수 없습니다." 오늘도 그 은혜로 살아가자. 다시 일어나자. 주님의 은혜를 구하며 그 은혜로 걸어가자.

"주님!
제 힘으로는 하루도 온전히 살 수 없는 연약한 자임을 고백합니다. 오늘도 주님의 은혜만 붙들며 살게 하소서."

6 예수님과 함께 오늘을 살아간다

그녀는 이제 대학을 졸업하고, 광고 회사에 취직했다. 새로운 직장 생활은 생각보다 훨씬 복잡하고 고단했다. 기획서를 밤새워 준비해도 한 번에 통과되지 않았고, 때로는 노력한 만큼의 결과가 따라오지 않았다. 하지만 그녀는 전처럼 무너지지 않았다. 예수님과 함께였기 때문이다. 그녀는 힘들 때면 조용히 화장실에 들어가 눈을 감고 주님의 이름을 불렀다.

주님!
저 지금 너무 지칩니다. 잠깐만 붙들어 주세요.

그 한마디 기도로 마음이 다스려졌고, 다시 자리에 돌아갈 수 있었다. 퇴근 후 텅 빈 사무실을 정리하며 오늘 하루도 주님과 함께 잘 견뎠다는 마음으로 고개를 숙였다. 직장에 적응하느라 하루하루가 빠듯했지만, 그녀는 말씀과 기도를 놓지 않으려고 했다. 출근 전 10분, 커피 한 잔 옆에 성경책을 펼쳤고, 늦은 밤에도 짧게나마 예수님의 이름으로 하루를 마무리했다. 완벽하지 않아도, 포기하지 않았다. 주님 앞에 서기 위해 매일 마음을 다시 모았다.

예수님과 함께 사는 삶은 완벽한 삶이 아니었다. 오히려 수많은 유혹과 피곤함 속에서 계속해서 주님을 붙드는 삶이었다. 한때 그녀는 예수님 없이도 잘 살 수 있을 거라고 착각했다. 기도 없이도 하루가 흘러가고, 예배 없이도 일주일을 버틸 수 있었다. 하지만 지금은 다르다. 예수님 없이는 살 수 없다는 걸, 이제 그녀는 마음 깊이 인정하게 되었다.

좋은 형제도 만났다. 교회에서 함께 예배드리며 자연스럽게 가까워졌다. 지금은 신앙 안에서 진지하게 교제하며 결혼을 준비하고 있다. 둘은 함께 기도하고, 주일에는 예배 후 차 한잔을 마시며 말씀을 나눈다. 데이트 코스보다 예배 시간을 먼저 생각하게 되었다. 신앙을 중심에 두고 만나는 관계가 이렇게 따뜻하다는 것을 그녀는 처음으로 경험하고 있다.

여전히 약한 날이 많다. 말씀을 읽어도 집중이 안 되는 날도 있고, 마음이 복잡해서 기도가 잘 안 되는 날도 있다. 하지만 그녀는 예전처럼 무기력하게 넘어가지 않는다. 그럴수록 더 예수님께 기대려고 한다. 그녀는 이제 안다. 신앙이란 흔들리지 않는 게 아니라, 흔들릴 때마다 다시 주님께 돌아가는 것이라는 걸. 죄를 이기지 못할 때가 있어도 주님께 엎드리면 다시 일어날 수 있다는 걸.

그녀는 매일 아침, 성경 한 장을 읽고 짧게 기도한다. 출근길, 지하철 안에서 조용히 찬양을 듣는다. 퇴근 후 집에 들어오면 "주님, 오늘도 함께해 주셔서 감사합니다"라는 말로 하루를 마무리한다. 그녀는 이제 알게 되었다. 예수님과 함께 사는 삶이란 큰 사건이 아니라, 작은 믿음의 쌓임이라는 것을. 하루하루 그분을 향해 걷는 것. 넘어지면 다시 일어나 그분께 손 내미는 것. 그것이 진짜 믿음이라는 것을 확신했다.

이제 그녀의 삶은 주님 없이 꾸려 가는 인생이 아니다. 이제 주님과 함께 살아가는 여정이 되었다. 그녀는 오늘도 예수님을 바라본다. 지금 숨 쉬는 이 순간에도 그분 없이는 살 수 없다는 고백으로 묵묵히 그 길을 걷고 있다. 예수님과 함께 살아간다는 것은 특별한 사람에게만 주어지는 삶의 방식이 아니다. 누구든지 예수님을 믿고, 그분을 삶의 주인으로 받아들이는 사람은 지금 이 자리에서부터 주님과 동행하는 삶을 시작할 수 있다.

예수님과 동행하는 삶은 대단한 일을 하거나, 모든 죄를 이기고 완벽하게 살아가는 것이 아니다. 중요한 것은 매일의 삶 속에서 예수님을 향해 시선을 고정하는 것이다. 학교에서, 일터에서, 그 모든 순간마다 우리는 예수님을 의식하고 그분께 마음을 열 수 있다. 우리는 때때로 믿음이란 무엇인가 고민한다. 믿음이란 눈물 흘리는 기도나, 마음을 울리는 찬양만으로 채워지는 것이 아니다. 믿음이란 지금 내가 누구를 의지하며 살아가고 있는가에 대한 질문이다. 예수님 없이도 살아갈 수 있다고 여기는 순간, 신앙은 점점 형식이 되고 만다. 그러나 예수님 없이는 단 하루도 살 수 없다는 고백이 우리 안에 있다면 우리는 지금도 살아 있는 신앙이 있는 것이다.

예수님은 언제나 우리와 함께하길 원하신다. 우리가 바쁘고 피곤하고, 때로 지쳐서 그분을 잊을 때도, 예수님은 우리를 포기하지 않으신다. 우리의 의지가 아니라 은혜로 살아가는 것. 그것이 예수님과 함께하는 삶의 본질이다. 이제 우리에게 필요한 것은 이 고백이다.

주님!
저는 주님의 은혜 없이는 단 하루도 살 수 없는 연약한 사람입니다.

이 고백이 오늘도 예수님과 동행하게 하는 힘이 된다. 이 고백이 말씀을 펼치게 하고, 기도의 무릎을 꿇게 한다. 하루에 단 몇 분이라도 예수님을 바라보는 시간을 정해 보자. 깊은 기도가 아니라도 괜찮다. 단 한마디, "주님, 오늘도 저와 함께해 주세요." 그 고백 하나로 우리는 주님과 동행할 수 있다. 성경 한 장 읽고, 그 말씀을 마음에 새기자. 일상에서 주님의 음성을 듣기 위해 귀를 기울이자. 예배는 단순한 예식이 아니라 주님을 만나는 시간으로 삼아 보자.

예수님과 함께 살아가는 삶은 대단한 결단이 아니라, 작은 순종의 반복이다. 그리고 그 순종 위에 하나님의 은혜는 날마다 새롭게 부어진다. 우리는 연약하다. 그래서 은혜가 필요하다. 우리는 흔들린다. 그래서 예수님께 다시 나아가야 한다. 삶이 바쁘고 마음이 지칠 때마다 다시 예수님의 이름을 부르자. 그 이름 안에 힘이 있고, 평안함이 있다. 지금 이 순간에도 예수님은 우리를 부르신다.

내가 너와 함께하겠다. 두려워하지 마라.

그 음성에 다시 반응하자. 오늘도, 예수님과 함께 걸어가자. 그것이 바로 진짜 믿음의 삶이다.

"주님!
오늘도 제 삶의 모든 걸음마다 함께해 주세요. 주님 없이는 단 하루도 살 수 없음을 고백하며, 매 순간 주님을 의식하며 살게 하소서."

제 2 장

문제가 생겼을 때 어떻게 이겨 낼 수 있을까?

1. 전혀 예상하지 못했던 문제를 만났을 때!
2. 사람과의 갈등이 일어났을 때!
3. 문제 앞에서 무엇을 선택해야 할지 고민일 때
4. 문제가 해결되지 않고 길어질 때 어떻게 해야 하나요?
5. 하나님의 뜻을 선택했는데 문제가 일어났을 때 어떻게 해야 하나요?

1 전혀 예상하지 못했던 문제를 만났을 때!

얼마 전, 그는 군산으로 강의를 하러 가게 되었다. 청소년 집회였고, 청소년이 무려 200명이나 모이는 자리였다. 꼭 전하고 싶은 메시지가 있었기에 마음을 다잡고 준비에 들어갔다. 하지만 문제는 이동이었다. 부산에서 군산까지는 약 300킬로미터 거리. 내비게이션으론 3시간 반 거리였다. 기차를 알아봤지만, 대전까지만 운행되고, 이후에는 다시 버스를 타야 했다. 결국, 그는 고민 끝에 자가용을 운전해서 가기로 했다.

이른 아침, 잔잔한 음악을 틀고 마음속으로 강의 내용을 정리하며 고속도로를 달렸다. 그러나 그 평화로운 분위기는 중간쯤에서 깨졌다. 갑자기 '펑' 하는 소리와 함께 차량이 덜컹거리기 시작한 것이다. 그는 놀라 갓길에 차를 세웠고, 시동을 다시 걸어 보려 했지만 차량은 전혀 움직이지 않았다. 당시 군산까지는 160킬로미터 정도가 남아 있던 상황이었다.

이 이야기는 바로 내 이야기이다. 그때 나는 당황했고, 정신적 혼란이 왔다. 강의까지는 몇 시간이 채 남지 않았는데, 차는 멈췄고, 나를 기다리는 사람들은 이미 현장에 모여 있었기 때문이다. 나는 불안함을 뒤로한 채, 보험회사에 연락했고, 20분 후 견인차가 도착했다. 그 순간 나에게 선택지는 두 가지였다. 근처 카센터에 차를 맡기고 강의를 포기하는 것, 혹은 견인비를 더 내고 군산까지 그대로 가는 것이었다. 나는 두 번째를 선택했다. 나를 초청해 준 교회에서 강의하는 것이 예의라고 생각했기 때문이다.

그렇게 견인차를 타고 2시간 넘게 더 달린 끝에 드디어 군산에 도착했다. 도착 시각은 강의 시작 시각보다 15분 늦은 시점이었다. 나는 숨 돌릴 틈도 없이 곧장 강의장으로 향했고, 바로 무대에 섰다. 다행히 강의는 은혜롭게 마무리됐다. 하지만 문제는 거기서 끝이 아니었다. 차량은 당일 수리가 불가능했고, 결국 다시 견인차에 실려 부산으로 보내야 했다. 나는 초청해 주신 목사님이 급히 빌려주신 차를 타고, 부산까지 돌아오는 길에 올랐다. 도착한 시간은 새벽 5시 반. 집에 들어왔을 땐 온몸이 완전히 탈진한 상태였다.

그리고 며칠 뒤, 설 연휴가 시작되자마자 다시 군산으로 올라갔다. 빌려주신 차량을 돌려드리기 위해서였다. 그날 고속도로에서 차가 멈췄을 때, 강의에 갈 수 없다는 여러 핑곗거리가 떠올랐지만, 이상하게도 그런 생각보다 먼저 든 생각이 있었다. '그래도 가야겠다'고 말이다.

솔직히 겁도 났고, 시간도 촉박했고, 상황도 엉망이었다. 하지만 그 순간, 마음은 오히려 명확해졌다. 여러 이유를 댈 수 있었지만, 나는 그냥 가야 한다는 마음 하나로 움직였다. 그 마음 하나로 견인차에 올랐고, 다시 달렸고, 결국 그 자리에 설 수 있었다. 우리의 신앙도 예상치 못한 충격을 마주할 때가 있다. 차가 멈추듯, 인생이 갑자기 정지될 때가 있다. 순조롭게 가고 있다고 생각했는데, 갑작스레 닫힌 문을 마주치기도 한다. 기도하고 준비했던 일인데 예상과 전혀 다른 결과가 찾아온다. 그 순간 우리는 마음 깊은 불안과 맞닥뜨린다.

왜 갑자기 이런 일이 벌어진 거지? 주님은 이걸 알고 계셨을까?

그 순간엔 어떻게 반응해야 할지조차 막막하다. 준비되지 않은 상황은 언제나 우리를 위축시킨다. 스스로에 대한 신뢰도 무너지게 만든다. 이렇게 예상하지 못했다는 사실 자체가 더 큰 불안이 된다. 사람은 준비되지 않은 고난 앞에서 더 쉽게 주저앉는다. 이렇듯, 예상치 못한 두려움은 갑작스럽게 찾아온다. 준비한 대로 되지 않고, 감당할 수 없는 상황이 닥치면 마음이 흔들리는 건 너무도 자연스러운 일이다. 그럴 때 우리는 당황하고 멈추고 싶어진다.

하지만 중요한 건, 그 두려움 앞에서 우리는 반드시 선택해야 한다는 것이다. 멈춰 서 있을지, 아니면 다시 걸어갈지를 결정해야 한다. 그리고 결정을 할 때 기억해야 할 것은 상황이 아니라 중심이다. 그리고 이럴 땐 '왜 이런 일이 생겼지?'라는 생각보다, 이 상황 속에서 내가 지켜야 할 게 무엇인지 묻는 태도가 필요하다.

믿음은 완벽한 준비에서 시작되는 것이 아니다. 계획이 어긋나고 예측할 수 없는 변수가 생겼을 때도 그 안에서 하나님을 다시 붙드는 선택이 믿음이다. 문제는 예상하지 못했지만, 하나님이 여전히 나를 인도하신다는 사실은 변함없기 때문이다. 문제가 뜻밖일수록 시선을 넓혀야 한다. 이 상황 자체보다, 하나님이 나에게 말씀하시는 것이 무엇인지 집중해야 한다. 이해가 되지 않아도 신뢰는 가능하다.

하나님은 우리가 감당하지 못할 일은 허락하지 않으시고, 피할 길도 반드시 준비하신다. 문제 앞에서 우리가 가장 먼저 해야 할 일은, 하나님을 향한 신뢰를 놓지 않는 것이다. 복잡하게 생각하지 말자. 문제 앞에 진짜 필요한 건 단순한 믿음이다. 그리고 오늘 내가 해야 할 일을 놓치지 않는 것. 그 작은 순종이 문제를 넘어서는 진짜 힘이 된다.

"주님!
준비되지 않은 상황 앞에서도 주님을 신뢰할 수 있는 믿음을 주세요.
예상치 못한 문제 앞에서도 중심을 잃지 않고 하나님을 바라보게 하소서."

2 사람과의 갈등이 일어났을 때!

그는 어렵게 취업 준비를 끝내고 드디어 첫 직장에 들어갔다. 설렘과 기대가 컸다. 이제 진짜 사회인이 되는구나 싶었다. 그런데 그를 기다리고 있었던 건, 생각보다 훨씬 더 버거운 현실이었다. 특히, 바로 위 상사의 태도는 처음부터 날카롭고 까칠했다. 무슨 일을 해도 지적을 받았고, 회의 시간마다 곤란한 질문을 던져 대곤 했다.

처음에는 그저 내가 부족한가 보다 생각하며 더 열심히 일했다. 실수하지 않으려고 밤을 새기도 하고, 작은 일도 신경 써서 준비했다. 하지만 달라지는 건 없었다. 시간이 지나도 그 상사의 태도는 여전히 차가웠고, 그를 향한 시선은 여전히 날카로웠다. 그는 이유를 알 수 없어 더 괴로웠다.

나중에 들은 이야기로는, 그 상사는 과거에 자신이 교육했던 직원에게 배신을 당한 적이 있었다고 한다. 그때의 불신과 상처가 남아 있어서, 새로운 사람들에게 마음을 잘 열지 못한다는 것이었다. 문제는 그 상사의 상처가 아무 죄 없는 후배에게로 흘러들었다는 사실이다. 청년은 어느 순간부터 그 사람 앞에서 숨이 막히고, 점점 말수가 줄어들었다. 그렇게 마음의 거리도 멀어졌다.

이런 상황은 그 청년만의 이야기가 아니다. 누구나 살아가며 관계 안에서 갈등을 겪는다. 가장 깊은 상처는 상황이 아니라 사람에게서 온다. 사소한 말 한마디, 표정 하나, 그리고 무심코 지나간 행동 하나가 상처가 되기도 한다. 그렇게 관계는 서서히 틀어지고 결국 단절이라는 결과를 만들어 낸다.

관계가 틀어졌을 때 가장 힘든 이유는, 그 사람이 내 삶에 계속 등장하기 때문이다. 완전히 끊어 낼 수 있는 관계라면 차라리 낫다. 하지만 회사, 교회, 공동체 안에서는 계속 얼굴을 마주쳐야 한다. 어색함은 반복될수록 스트레스로 바뀌고, 결국은 공동체 자체가 불편해진다. 그럴 때 많은 사람은 괜찮은 척하며 참고 넘기려 한다. 하지만 문제는 스스로 사라지지 않는다. 외면은 해결이 아니다. 오히려 그 틈은 더 커진다. 진짜 중요한 건, 내가 그 사람을 통해 어떤 대우를 받았는지가 아니라 그 관계 안에서 내가 누구인지 잊지 않는 것이다.

그 사람이 나를 무시하고, 인정해 주지 않아도 나는 하나님 앞에서 여전히 존귀한 사람이라는 사실이다. 이걸 기억하면, 흔들리던 마음이 다시 중심을 잡는다. 상대가 나를 알아주지 않아도 괜찮다. 내 가치를 정하는 분은 하나님이시기 때문이다. 그래서 관계가 어렵고 힘들어질수록, 사람을 보기 전에 먼저 하나님을 바라봐야 한다. 그게 관계 앞에서 무너지지 않는 믿음의 자세다.

그리고 사람과의 관계 회복을 위해 억지로 친절할 필요는 없다. 억지 미소도 필요 없다. 다만 피해 다니지 않는 것. 말을 아끼되 무시하지 않는 것. 상황을 판단하기보다 내 태도를 지키는 것. 이게 신앙인의 방식이다. 내가 먼저 사과하지 않아도 된다. 그러나 나의 중심이 하나님 앞에 정직하면 하나님은 관계 속에서도 길을 열어 주신다. 내가 상대방에게 느낀 감정보다, 그 사람도 나처럼 상처가 있고 무거운 하루를 살아가는 사람이라는 걸 인정하는 시선이 필요하다. 그렇게 시선을 바꾸면 감정보다 이해가 먼저 생긴다. 그때부터 관계는 천천히 회복되기 시작한다.

물론, 모든 관계가 다 회복되지는 않는다. 어떤 관계는 멀어진 채로 남을 수도 있다. 그러나 중요한 건, 내가 그 상황 안에서 어떻게 반응했는가이다. 끝까지 책임 있게 하나님 앞에서 흔들리지 않게 살아냈다면 그 자체가 신앙의 증거가 된다. 그래서 관계가 불편하다고 예배를 놓치지 말고 기도가 막힌다고 하나님과의 대화를 피하지 말자. 교회가 불편하다고 자리를 떠나지 말자. 갈등이 있을수록 중심은 더 분명해져야 한다. 그리고 그 중심은 하나님과의 관계 안에서 시작돼야 한다.

청년의 삶에는 수많은 갈등이 있다. 친구, 선배, 직장 동료, 교회 리더, 심지어 가족까지. 그런데 그 모든 관계의 중심에는 결국 나와 하나님 사이의 문제가 놓여 있다. 하나님과의 관계가 무너지면, 사람

사이의 관계도 결국 흔들릴 수밖에 없다. 반대로 하나님과의 관계가 바로 서면, 사람 앞에서 무너지지 않는다.

 지금 누군가와의 관계가 불편하다면, 그 사람을 바꾸려고 하기 전에 하나님께 먼저 나아가자. 왜 이 상황을 허락하셨는지 묻기보다, 이 상황 속에서 내가 어떤 태도를 지켜야 하는지를 물어야 한다. 거기서부터 회복은 시작된다. 상대가 나를 몰라줘도, 내 진심을 전해도 반응이 없어도, 결국 하나님은 모든 걸 보고 계신다. 관계 안에서 버티는 것도 믿음이고, 그 속에서 중심을 붙드는 것도 순종이다.
 믿음은 관계에서도 증명된다. 그러니 오늘도 하나님 앞에서 내 자리를 지키자. 사람이 아니라 하나님을 기준 삼아, 관계 안에서도 무너지지 않는 나로 서자. 그것이 청년의 믿음이다.

 "주님!
 사람 앞에서 무너지지 않게 하시고, 관계 속에서도 하나님 앞에 정직한 마음을 지킬 수 있도록 도와주소서."

3 문제 앞에서 무엇을 선택해야 할지 고민일 때

그는 평범한 가정에서 자랐고, 부모님의 정성스런 지원 덕분에 학업에만 집중할 수 있었다. 학점도 괜찮았고, 전공도 적성에 맞았다. 곧 졸업을 앞두고 있었고, 다음 학기엔 교환학생도 계획하고 있었다. 그저 앞으로의 인생이 지금처럼만 흘러가면 좋겠다고 생각했던 시기였다.

그런데 어느 날, 집에서 연락이 왔다. 아버지의 사업이 어려워졌다는 소식이었다. 예상하지 못한 상황이었다. 등록금은 물론이고, 생활비까지 스스로 감당해야 할 상황이 되어 버렸다. 말로는 괜찮다고 했지만, 청년은 마음이 복잡했다.

하루아침에 계획이 흔들렸다. 당장 다음 학기 등록도 걱정이었고, 아르바이트를 시작해야 할지, 휴학해야 할지도 고민이었다. 친구들은 취업 준비에 집중하고 있었고, 어떤 친구는 공무원 시험을 본다며 학원에 다니고 있었다. 청년은 여전히 하고 싶은 일이 있었지만, 지금, 이 상황에서 그걸 고집해도 되는 건지 자신이 없었다.

기도도 해 봤다. 하나님이 어떤 길로 가라고 하시는지 알고 싶었다. 하지만 기도 후에도 마음은 여전히 복잡했고, 명확한 답은 들리지 않았다. 말씀을 펼쳐도 그 말씀이 지금 나에게 무슨 의미인지 와닿지 않았다. 차라리 누군가 대신 결정해 줬으면 좋겠다고 생각될 정도였다.
　문제는 상황 자체보다 그 안에서 무엇을 선택해야 할지 알 수 없었다는 데 있었다. 이 길이 맞는지, 아니면 저 길이 더 안전한지. 자신이 무슨 기준으로 결정을 내려야 할지도 헷갈렸다. 주변 사람들의 말은 현실적이었다. 하지만 그 말을 따르자니 마음이 찝찝했다. 그렇다고 마음 가는 길을 택하자니 불안했다.

　시간은 흘렀지만, 청년은 선택하지 못한 채 계속 같은 자리에서 맴돌고 있었다. 문제는 해결되지 않았고, 마음은 점점 무거워졌다. 기도는 점점 짧아졌고, 예배는 의무처럼 느껴지기 시작했다. 결국, 청년은 그저 아무것도 하지 않는 편이 더 안전하다고 여기게 됐다. 선택하지 않으면 책임지지 않아도 된다는 생각. 나중에 하나님 탓도 하지 않아도 된다는 핑계 말이다.

　청년의 고민처럼, 무엇이 하나님의 뜻인지 모를 때 사람은 당황한다. 하나님께 기도하긴 했지만 분명한 응답이 없는 것 같을 때, 우리는 멈춰 서게 된다. 지금 이 선택이 하나님이 기뻐하시는 방향인지 확신이 없기 때문이다. 괜히 움직였다가 틀릴까 봐 오히려 아무것도 하지 못하게 되는 것이다.

　그런데 성경은 하나님의 뜻을 기다리는 사람들에게 움직이지 말라고 하지 않는다. 오히려 마음을 다해 주를 의지하고 네 길을 그에게 맡기라고 말한다. 즉, 하나님의 뜻은 명확한 지시로만 주어지는 게 아니다. 우리가 어떤 중심으로 움직이느냐, 그리고 어디를 바라보고 가느냐에 달려 있다. 하나님은 때때로 정확한 시점이나 타이밍을 말씀해 주지 않으신다. 대신 마음을 지키며 하나님을 신뢰하는 믿음을 보여 달라고 하신다. 그래서 하나님의 뜻을 찾는 과정은 정답을 맞히는 일이 아니라 내가 정말 하나님을 따르려는 중심이 있는가를 드러내는 시간이다.

어떤 선택이 하나님의 뜻인지 모를 때, 가장 먼저 해야 할 게 있다.

이 결정으로 내가 누구를 기쁘게 하려 하는가?

이를 스스로 묻는 일이다. 사람들의 기대나 나의 욕심 때문이라면 다시 생각해야 한다. 하지만 하나님 앞에서 정직한 마음으로 기도했고, 말씀 안에서 길을 살폈다면 이제는 두려움보다 믿음으로 움직일 시간이다. 하나님은 우리가 완벽하게 맞히길 원하지 않으신다. 순종하려는 중심으로 걸어가는 사람을 통해 길을 만들어 가신다. 지금 내가 하는 이 선택이 반드시 성공해야 하는 하나님의 뜻이 아니라, 그 과정에서 하나님을 붙드는 태도와 순종의 걸음이 더 중요하다.

그러니 더 이상 "하나님, 어느 길이 정답입니까"라고 묻지 말고, "하나님, 내가 이 길에서도 주님을 따를 수 있습니까"라고 물어야 한다. 그러면 그 길은 곧 하나님의 뜻이 되는 길이 된다. 정확한 답을 들은 다음에 움직이겠다고 머물러 있지 말자. 하나님의 뜻은 기다리는 자의 침묵이 아니라, 믿음으로 걷는 자의 순종 안에서 자라난다.

지금 방향이 명확하지 않더라도, 주님 앞에 중심을 다 해 나아가기로 했다면, 그걸로 충분하다. 하나님은 그 걸음을 사용하신다. 지금도 당신의 믿음을 기다리고 계신다. 지금도 선택 안에서 망설이고 있다면, 멈추는 게 아니라 하나님을 붙들고 걷는 걸 선택하자. 그 길 위에 반드시 주님의 인도하심이 있다.

"주님!
확실한 답이 보이지 않을 때도 주님을 신뢰하는 믿음을 제 안에 세워주소서. 무엇이 옳은지 몰라 흔들릴 때도, 주님의 뜻을 따라 걷겠다는 순종의 마음을 잃지 않게 하소서."

문제가 해결되지 않고 길어질 때 어떻게 해야 하나요?

그는 졸업을 앞두고 몇 달 전부터 취업 준비에 들어갔고, 자신이 지원한 몇몇 회사에서 좋은 소식이 오기를 기대하며 열심히 기도하고 있었다. 하루도 빠짐없이 새벽기도를 다녔고, 면접 전에는 금식하며 하나님 앞에 무릎을 꿇었다. 처음에는 믿음이 있었다. 하나님의 때에 가장 좋은 자리를 주실 거라는 확신도 있었다.

그런데 결과는 달랐다. 지원한 곳마다 서류 탈락, 면접 탈락. 어떤 곳은 서류 통과 후 최종에서 떨어지기도 했다. 한두 번이 아니었다. 그렇게 몇 개월이 지나고, 결국 졸업 시즌이 다가왔지만, 취업 소식은 들리지 않았다. 기도는 계속했지만, 상황은 점점 더 나빠졌다. 부모님의 걱정은 깊어졌고, 주변 친구들은 하나둘 취업 소식을 전해왔다. 청년은 점점 말이 없어졌고, 기도 시간에도 아무 말도 나오지 않았다. 오히려 '하나님은 왜 이렇게 침묵하실까'라는 마음만 가득했다.

처음엔 간절하게 기도했지만, 나중엔 습관처럼 주먹을 쥐고 눈을 감는 것만 반복했다. 어떤 날은 성경을 펴기도 싫었다. 말씀을 읽으면 오히려 더 속상했다. 기도하라는 구절이 마음을 찌르는 듯했고, 두려워하지 말라는 말이 공허하게 들렸다. 이런 마음을 가진 청년은 우리 주변에 많다. 그리고 어쩌면 지금 이 글을 읽는 당신일 수도 있다. 우리는 분명히 기도했다. 최선을 다했고, 믿음을 가지고 기다렸다.

그리고 무엇보다 하나님께 맡겼다고 자신했다. 그런데 돌아오는 현실은 점점 더 멀어지고 오히려 일이 꼬이기까지 한다. 어떤 사람은 오히려 기도하지 않았을 때가 더 잘 풀렸다고 말하기도 한다. 그러면 우리는 점점 혼란에 빠진다. '하나님이 진짜 내 기도를 들으시는 걸까?'라는 의심이 생긴다. 그리고 '내가 이만큼 했는데, 왜 아무 일도 일어나지 않는 거야?'라는 답답함도 생긴다.

기도하는데 상황이 더 나빠질 때 가장 먼저 무너지는 건 마음이다. 기도가 의미 없게 느껴지기 시작한다. 처음엔 눈물로 기도했지만, 이제는 입을 열기도 어렵다. 누군가 "하나님은 가장 좋은 때에 응답하셔"라고 말해 줘도, 그 말이 더 이상 위로가 되지 않는다. 내가 지금 마주한 현실은 냉혹하기 때문이다. 그렇다면 이런 때 우리는 어떻게 해야 할까? 답은 간단하지 않다. 하지만 분명한 것은 있다. 이런 상황에서 무너지지 않기 위해 꼭 기억해야 할 기준이 있다는 것이다.

첫째, 하나님이 침묵하신다고 해서 하나님이 없는 게 아니다. 신앙은 응답의 여부로 하나님의 존재를 판단하는 게 아니다. 하나님은 우리의 감정이나 기분에 따라 오셨다 사라지시는 분이 아니다. 그분은 변하지 않으시는 분이며, 우리의 상황과 상관없이 늘 함께 계신다. 침묵처럼 느껴지는 시간에도 하나님은 당신을 보고 계신다.

둘째, 지금 당장 보이지 않는다고 해서 응답이 없는 게 아니다. 하나님의 응답은 반드시 오지만, 우리가 예상한 방식과 시기는 아닐 수 있다. 하나님은 단순히 우리의 문제를 해결해 주는 분이 아니라, 그 과정을 통해 우리를 빚으시는 분이다. 기다리는 그 시간 동안, 하나님은 당신 안에서 무언가를 준비하고 계신다. 당신의 인격이 단단해질 때까지 하나님은 기다리신다. 그리고 준비되었을 때, 반드시 하나님의 뜻대로 가장 선한 것을 이루신다.

셋째, 기다리는 시간은 절대 헛되지 않다. 믿음이란 눈에 보이는 증거가 없어도 주님을 바라보는 것이다. 그리고 그 믿음은 절대 헛되지 않다. 히브리서 11장의 인물들도 약속을 눈으로 다 보지 못했지만, 하나님은 그 믿음을 기쁘게 받으셨다. 당신이 지금 흘리는 눈물도 하나님은 잊지 않으신다. 그 시간은 반드시 의미 있는 시간으로 돌아올 것이다.

넷째, 가장 중요한 건 내가 가고자 하는 길이다. 상황이 나빠질수록 우리는 길을 잃기 쉽다. 하나님이 아닌 다른 것을 붙들게 되고, 기도가 아닌 계산으로 결정하려 한다. 하지만 그런 때일수록 더 중심을 붙들어야 한다. 지금 내가 무엇을 바라보고 있는지, 누구를 신뢰하고 있는지. 그 기준이 흔들리지 않아야 한다.

지금 당신이 기도하고 있음에도 아무 일도 일어나지 않고, 오히려 상황이 더 나빠지고 있다면, 그건 하나님이 당신을 외면하신 게 아니다. 오히려 그만큼 당신을 깊이 다루고 계신다는 증거일 수 있다. 아무것도 보이지 않는 이 시간에 하나님은 당신에게 진짜 믿음을 묻고 계신다.

포기하지 말자. 이 시기는 언젠가 반드시 끝난다. 그리고 그 끝에는 하나님이 반드시 계신다. 우리는 응답을 기다리는 사람들이 아니다. 하나님을 기다리는 사람들이다. 그리고 하나님은 당신을 절대 그냥 두지 않으신다.

지금 너무 힘들고 지쳐서 무릎 꿇기도 어려운가? 그럼 일단 마음으로만 하나님을 바라보자. 숨을 들이마시며 마음속으로 "하나님, 아직 기다리고 있어요"라고 고백해 보자. 당신이 붙드는 그 작은 믿음이, 하나님 앞에서는 큰 반응이 된다. 그리고 그 믿음은 언젠가 반드시 열매를 맺는다. 당신의 기도는 하나님 앞에서 살아 있다.

"주님!
기도하는 데 아무 일도 일어나지 않을 때, 지치고 낙심하지 않게 하소서. 하나님의 때와 방법을 신뢰하며, 오늘도 믿음으로 기다릴 힘을 주세요."

5. 하나님의 뜻을 선택했는데 문제가 일어났을 때 어떻게 해야 하나요?

그녀는 부산에서 고등학교에 다닐 땐 늘 교회 친구들과 함께였다. 주일마다 같이 예배드리고 수련회도 가고 기도 모임도 했다. 신앙 안에서 함께 웃고 울었던 그 시간이 너무 익숙했다. 그래서 그때는 외롭다는 감정을 느껴 본 적이 거의 없었다.

그런데 대학 진학과 함께 서울로 올라오면서 그녀의 일상은 완전히 달라졌다. 처음엔 새로 만나는 사람들과 잘 지내고 싶었다. 처음 보는 친구들이었지만, 다들 괜찮은 사람들이었다. 그런데 분위기는 전혀 달랐다. 개강하자마자 술자리 제안이 오고, 주말마다 다 같이 놀러 가자고 했다. 그럴 때마다 그녀는 웃으며 괜찮다고 말하고 빠졌다.

그런데 그런 일이 몇 번 반복되자, 점점 대화가 줄어들기 시작했다. 친구들이 그녀를 불편하게 여기기 시작한 것이다. 처음엔 그냥 오해일 거라 생각했다. 조금 지나면 괜찮아질 거라고 생각했다. 하지만 상황은 달라지지 않았다. 조별과제를 하면서도 그녀는 대화에서 자연스럽게 빠져 있었다.

단톡방에 무언가 올려도 반응은 없었고, 모임 자리에서도 대화는 그녀를 피해 돌아가는 듯했다. 처음엔 기분 탓이라고 생각했지만, 어느 순간 확신이 들었다. 자신이 조금씩 고립되고 있다는 걸 알게 된 것이다. 억지로 튀려고 한 적도 없었고, 누구를 불편하게 하려던 것도 아니었다. 그냥 믿는 사람답게 살고 싶었을 뿐이었다.

하지만 돌아온 건 따돌림이었다. 혼자 밥을 먹고, 도서관에 가고, 다시 기숙사로 돌아오는 하루하루가 반복됐다. 무엇보다 더 힘들었던 건 서울에서의 교회도 아직 정해지지 않았다는 사실이었다. 몇 군데 예배를 드려 봤지만, 마음이 가지 않았다. 이전에 다니던 부산의 익숙한 교회가 자꾸 떠올랐다. 거긴 달랐다. 친구들이 있었고, 나를 위해 기도해 주는 사람들이 있었다.

이런 상황 속에서 그녀는 점점 자신감을 잃어 갔다. 믿음도 점점 흔들리기 시작했다. 하나님을 위해 살고 싶었는데, 왜 이렇게 외로운 걸까? 왜 신앙 때문에 사람들과 멀어져야 하는 걸까? 정말 하나님은 이 상황을 알고 계신 걸까? 이 질문은 많은 청년이 겪는 현실적인 문제다. 하나님의 뜻대로 살고 싶은데, 그로 인해 문제가 생긴다. 사람들로부터 오해받고, 외면당한다.

결국, "내가 믿음을 지키려는 이 태도가 과연 옳은가"라는 회의에 빠지기도 한다. 하지만 바로 그 순간이 진짜 믿음의 자리를 결정하는 때다. 하나님은 우리의 외로움을 모르지 않으신다. 우리보다 먼저 세상의 거절을 경험하신 분이 예수님이시다. 사람들에게 외면당했고, 버림받았으며 조롱당하셨다. 그런데도 그분은 하나님의 뜻을 끝까지 붙드셨다.

우리가 예수님을 따른다고 고백하는 순간부터 우리도 그 길을 걷게 된다. 누구나 예수님의 이름을 부를 순 있지만, 그분을 따라 살아가는 길은 다르다. 세상 속에서 드러나게 믿음을 지키는 것은 결코 쉬운 일이 아니다. 하지만 그 길을 걸을 때 비로소 우리는 진짜 신앙의 중심에 서게 된다.

신앙이란 혼자 있어도 흔들리지 않는 힘이다. 내가 누구와 함께하느냐보다, 내가 누구를 따르고 있느냐가 더 중요하다. 지금은 외로워도 진짜 친구는 하나님의 뜻을 따를 때 붙여 주신다. 외면당해도 하나님은 절대 나를 외면하지 않으신다. 눈물의 기도는 헛되지 않다. 외로운 길이라도 그 안에 하나님의 목적이 있다면 그 길은 결국 영광의 길로 이어진다.

그러니 지금 외로워도 무너지지 말자. 주님이 아신다. 우리가 주님 때문에 거절당한 것, 따돌림을 겪는 것도 우리가 믿음으로 서는 시간임을 기억하자. 하나님은 그 걸음을 귀하게 여기신다. 신앙 때문에 겪는 어려움은 부끄러운 일이 아니다. 오히려 그것이 진짜 믿음의 증거다. 눈앞의 외로움보다, 하나님의 시선을 붙드는 사람이 되자. 믿음은 사람들에게 인정받는 것이 아니라, 하나님 앞에서 끝까지 흔들리지 않는 것이다.

"주님!

사람들이 나를 외면해도, 주님의 시선을 따라 살게 하소서. 혼자 남겨진 그 자리에서도 믿음을 지키는 용기를 주옵소서."

제 3 장

유혹은 어떻게 이겨 낼 수 있을까?

1. 우선순위의 유혹에서 벗어나자!
2. 우상숭배의 유혹에서 벗어나자!
3. 비교의 유혹에서 벗어나자!
4. 음란의 유혹에서 벗어나자!
5. 내가 주인이 되고 싶은 유혹에서 벗어나자!
6. 교만의 유혹에서 벗어나자!
7. 험담의 유혹에서 벗어나자!

1 우선순위의 유혹에서 벗어나자!

이제 막 직장생활을 시작한 청년이 있었다. 모든 게 새로웠다. 회사도 낯설었고, 동료들도 하나씩 알아 가는 중이었다. 감사하게도 좋은 상사를 만났고, 일도 열심히 배워 가며 하루하루 최선을 다하고 있었다. 월요일부터 금요일까지는 일에 집중했다. 아침 일찍 출근해서 늦게까지 야근도 자주 했고, 회식도 빠질 수 없었다. 몸은 피곤했지만 뿌듯했다. 사회인이 되었다는 실감도 들었다.

문제는 주말이었다. 유일하게 쉴 수 있는 이틀. 주일은 교회에 가야 하는 날이었다. 그런데 마음 한편에 다른 생각이 자꾸 올라왔다. 주일 하루쯤은 내 시간을 갖고 싶었다. 여자친구도 만나야 했고, 친구들과 캠핑하고 싶은 날도 있었다. 교회에 가면 이것저것 해야 할 일들이 기다리고 있고, 아무 생각 없이 푹 쉬는 건 어려웠다. 마음이 흔들렸다. 예전엔 당연히 주일엔 교회 가는 것이었는데, 이제는 그 당연한 게 점점 부담스러워졌다.

사실, 유혹은 이렇게 시작된다. 특별한 사건이 있는 게 아니다. 그냥 피곤하다는 이유로, 그냥 한 번쯤이라는 생각으로 '이번 주는 빠져도 되겠지'라는 타협으로 우선순위가 밀려난다. 처음엔 미안한 마음이 든다. 하지만 자주 반복되면 점점 그 미안함도 무뎌진다. 문제는 이렇게 우선순위가 무너지는 걸 대부분 유혹이라고 느끼지 못한다는 것이다. 술자리나 음란의 유혹은 쉽게 경계하지만, 예배보다 내 시간을 우선하는 일은 별문제 없이 받아들이곤 한다. 그러나 우선순위를 빼앗는 유혹이야말로 신앙을 조용히 무너뜨리는 가장 강한 유혹일 수 있다.

신앙의 우선순위는 바쁠수록 더 분명하게 세워져야 한다. 하나님을 향한 예배, 말씀, 공동체와의 연결은 어느 날 갑자기 무너지는 게 아니라, 조금씩 미뤄질 때 사라진다. 그리고 그 미뤄지는 순간들이 쌓여 신앙의 중심을 흐리게 만든다.

그래서 결국, 주일 예배는 점점 뒤로 밀리기 시작한다. 처음엔 한 주 빠졌고, 다음엔 약속이 있어서 또 빠졌다. 그다음 주는 몸이 피곤해서, 또 그다음엔 그냥 아무 생각 없이 쉰 거였다. 그렇게 몇 번을 지나고 나면, 어느새 예배는 선택이 되어버린다. 상황이 되면 가고 아니면 쉬는 날이 된다. 그리고 자신도 모르게 예배 없는 주말이 점점 익숙해진다.

하나님보다 다른 것이 먼저가 되는 걸 우리는 유혹이라고 느끼지 못할 때가 많다. 예배가 빠졌다고 바로 큰 문제가 생기는 것도 아니다. 주일 하루를 안 지켰다고 당장 내 인생이 망가지진 않는다. 그래서 더 조심해야 한다. 우선순위는 그렇게 조용히 깊게 무너진다. 그리고 우선순위는 예배에만 해당하는 게 아니다. 우리의 삶 전체를 바라보는 기준이기도 하다. 하나님을 가장 먼저 두는 삶은 예배당 안에서만 드러나는 게 아니다.

직장 안에서도, 내가 사용하는 시간과 돈에서도 드러난다. 예배는 한 부분일 뿐, 전체 삶의 중심은 먼저 하나님을 두는 태도에 있다. 그걸 잃어버리면 결국 신앙은 점처럼 흩어지고 삶은 하나님과 멀어진다. 회사에서 중요한 프로젝트가 생겼을 때 일에 집중하다 보면 말씀 보는 시간을 미루게 된다. 친구들과 약속이 생기면 기도는 나중으로 미루게 된다. 금전적 문제가 생기면 헌금도 한 번쯤은 안 해도 되겠지 싶은 마음이 생긴다.

이런 결정이 반복될수록 하나님보다 다른 것을 먼저 선택하는 시간이 많아지고, 결국 내 삶에서 우선순위라는 말은 사라져 버린다.

청년의 삶은 분주하다. 모든 걸 다하려다 보면, 어느 것도 제대로 지키지 못하게 된다. 이때 가장 먼저 포기되는 게 대부분 신앙이다. 사람들과의 약속은 지키면서 하나님과의 약속은 쉽게 넘겨 버린다. 그리고 자신을 위로한다. 지금은 너무 바빠서라고. 조금만 지나면 다시 제대로 할 거라고 다짐한다.

하지만 현실은 다르다. 시간이 지나면 더 바빠진다. 우선순위를 나중으로 미루는 사람은 결국 그것을 다시 꺼내 들지 못하게 된다. 신앙의 우선순위는 반드시 의도적으로 지켜야 한다. 기다린다고 저절로 유지되지 않는다. 삶이 바쁠수록 더 명확하게 붙들어야 한다. 바로 그게 진짜 믿음이다.

신앙이란 결국 선택의 싸움이다. 무엇을 먼저 할 것인가? 무엇을 기준 삼을 것인가? 그게 곧 믿음의 크기를 결정짓는다. 그래서 하나님은 우리에게 모든 것 위에 하나님을 두라고 말씀하셨다.

> … 너희는 먼저 그의 나라와 그의 의를 구하라 …(마6:33).

이 구절은 단지 예배 시간에 외우는 문장이 아니다. 삶에서 실제로 살아 내야 하는 원칙이다. 지금, 이 순간에도 수많은 선택이 있다. 내가 원하는 것과 하나님이 기뻐하실 만한 것 사이에서 갈등이 생긴다. 그때마다 우리는 묻고 또 물어야 한다.

> 나는 지금 무엇을 먼저 선택하고 있는가?

하나님이 우선이라면 시간도, 돈도, 계획도 하나님 앞에서 다시 정리되어야 한다. 그게 불편할 수 있다. 손해처럼 느껴질 수도 있다. 하지만 오히려 그 길이 더 깊은 만족과 평안을 가져다준다. 신앙의 우선순위를 지키는 사람은 흔들리지 않는다. 결정할 때 중심이 분명하기 때문이다. 주어진 선택 앞에서 늘 같은 길을 보고 있기 때문이다. 그리고 그 선택이 반복될수록 그 사람의 신앙은 단단해진다.

> "주님!
> 제 삶의 모든 영역에서 하나님을 먼저 두게 하소서. 바쁜 일상 속에서도 중심을 놓치지 않고, 믿음의 순서를 끝까지 지켜 가게 하소서."

2 우상숭배의 유혹에서 벗어나자!

　그는 대학에 들어가 처음으로 연애를 시작했다. 고등학교 시절에는 공부와 교회 외에는 크게 관심이 없던 그였지만, 대학교에 와서 모든 것이 새로워졌다. 캠퍼스 분위기, 동아리. 새로운 사람들과 만남. 그 가운데서 그는 처음으로 여자친구가 생겼다. 동아리에서 만났는데 그 애를 볼 때마다 설렘도 컸고, 지금까지 전혀 가져 보지 못했던 감정이었다. 하루하루가 특별하게 느껴졌다.

　문제는 여자친구가 교회를 다니지 않는 사람이었다는 데 있었다. 연애 초반에는 그다지 문제가 되지 않았다. 여자친구는 그가 교회 다니는 걸 이상하게 여기지 않았다. 하지만 시간이 지나면서 상황은 달라졌다. 주일이 되면 여자친구는 교회에 가지말고 자신과 시간을 보내자고 말했다. 그곳에서 다른 여자들과 어울리는 것도 싫고, 그냥 자신과 함께 해 달라고 했다. 처음에 그는 미안하다며 예배는 빠질 수 없다고 꼭 가야 한다고 단호하게 말했다.

　하지만 그럴 때마다 여자친구는 "그럼 우리 그만하자"라고 말하며 돌아섰다. 그럴 때마다 그는 가슴이 찢어지는 것 같은 느낌을 받았다. 결국, 그는 고민 끝에 타협점을 제시했다. "청년부 예배는 안 갈게. 어른 예배만 드리고 너 만나러 갈게." 여자친구는 그 정도는 괜찮다며 고개를 끄덕였다.

  그때부터 그는 청년부에는 얼굴을 보이지 않았다. 리더들이 연락했지만, 그는 바쁘다고 둘러댔다. 어른 예배에만 얼굴을 비추고 설교가 끝나자마자 교회 문을 나섰다. 그렇게 주일 오후는 늘 여자친구와의 데이트로 채워졌다. 처음엔 예배와 연애를 나름 지킨다고 생각했지만, 시간이 갈수록 중심은 여자친구에게로 완전히 기울었다. 데이트를 위해 예배 시간을 변경했고, 청년부와는 점점 멀어졌다. 점점 더 많은 것을 양보하며 그 관계를 지키려 애썼다. 그렇게 어느새, 하나님보다 여자친구가 더 소중한 존재가 되어 있었다.

  하지만 영원할 것 같던 여자친구와의 사랑도 결국 끝이 났다. 몇 달 후, 그는 그녀와 이별했다. 관계는 정리됐지만, 그의 신앙도 함께 무너졌다. 마음속엔 말로 설명하기 어려운 허무함과 공허함이 자리 잡았고, 다시 교회로 돌아가는 길은 낯설고 멀게만 느껴졌다. 우상숭배는 우리가 생각하는 것처럼 무서운 형상을 만들어 절하는 것만을 의미하지 않는다. 성경이 말하는 우상은 한 가지다. 하나님보다 더 사랑하는 대상, 하나님보다 더 의지하는 것, 하나님보다 먼저 생각하는 모든 것이 우상이다.

  우상은 사람일 수도 있고, 일이 될 수도 있다. 학업이나 경력, 심지어 자신의 감정이나 자존심까지도 우상이 될 수 있다. 청년의 경우에는 여자친구였다. 하나님보다 그 사람의 말에 더 귀 기울였다. 그 사람의 기분이 하나님보다 더 중요한 기준이 되었다. 그 순간부터 그는 예수님을 사랑하는 것이 아니라, 다른 것을 더 사랑하게 된 것이다.

문제는 이런 우상이 겉보기엔 전혀 문제가 없어 보인다는 점이다. 여자친구를 사랑하는 게 왜 문제냐고 말할 수도 있다. 하지만 진짜 점검해야 할 건 '내 마음속에서 하나님보다 앞서는 것이 있는가'이다. 내가 무엇을 위해 결정하고, 누구를 먼저 생각하며 선택하고 있는지 돌아봐야 한다. 그 선택이 하나님께 순종하려는 마음에서 나온 것인지, 아니면 내가 원하는 것을 쥐기 위해 그럴듯한 이유를 붙인 것은 아닌지 말이다.

우상이 무서운 이유는 그것이 조용히, 그리고 아주 자연스럽게 우리의 삶을 장악하기 때문이다. 처음에는 별거 아닌 것처럼 시작된다. 다음에 다시 시작하면 된다는 마음으로 타협한다. 그런데 어느 순간, 그 우상이 삶의 가장 중심에 자리 잡는다.

하나님은 우리의 마음을 원하신다. 그리고 우리의 마음 중심에 계시길 원하신다. 예배의 자리를 지키는 것, 말씀 앞에 서는 것, 기도하는 것. 그리고 공동체와 함께 신앙을 나누는 것. 이 모든 것은 단순한 종교 행위가 아니다. 하나님께 중심을 드리는 믿음의 선택이다.

우상을 무너뜨리는 방법은 단 하나다. 하나님을 다시 삶의 중심에 두는 것이다. 억지로 여자친구와 헤어지는 것이 답이 아니라, 그 사람보다 하나님이 더 소중하다는 것을 고백하고, 그 기준대로 삶을 다시 세우는 것이다. 만약 그 관계가 하나님의 뜻 안에 있다면 하나님은 그것을 지키게 하실 것이다. 그러나 하나님보다 그 관계를 더 중요하게 여긴다면 언젠가 신앙은 반드시 흔들릴 수밖에 없다.

우리는 지금 무엇을 가장 사랑하고 있는가? 무엇을 위해 시간을 쓰고, 무엇을 위해 선택하며 살아가고 있는가? 그 모든 것의 중심에 하나님이 없다면 지금 우리는 우상숭배를 하는 것이다. 예수님은 우리를 위해 십자가를 지셨다. 그 사랑은 조건이 없고 완전하다. 그런 사랑 앞에서 우리는 무엇을 더 사랑할 수 있겠는가. 그 무엇도 그 사랑보다 클 수 없다. 그러니 다시 하나님 앞에 돌아가자. 중심을 회복하자. 하나님보다 더 사랑했던 것을 내려놓고 다시 주님을 왕으로 모시자.

그게 진짜 회복이고 진짜 자유다. 우상이 사라질 때 비로소 진짜 평안함이 찾아온다. 그리고 하나님 안에서 더 단단해진다. 그리고 그때 우리는 비로소 알게 된다. 하나님의 사랑은 절대 두 번째 자리를 원하지 않는다.

> "주님!
> 제가 하나님보다 더 사랑했던 것들을 내려놓습니다. 마음의 중심을 다시 주님께 드립니다. 저의 삶이 다시 주님을 향하도록 이끌어 주소서."

3 비교의 유혹에서 벗어나자!

어느 교회 청년부에서 찬양 인도자로 섬기고 있던 청년이 한 명 있었다. 그녀는 주일이면 늘 무대에 서서 마이크를 잡았고 찬양 인도로 누군가의 마음을 세운다는 사실에 감사한 마음도 있었다. 물론, 실수할까 봐 긴장도 되고 가사를 놓치면 안 된다는 부담도 있었지만, 그래도 이 자리는 내게 주어진 소중한 사명이었다.

그런데 어느 날, 다른 교회에서 한 청년이 우리 공동체로 오게 되었다. 환영하는 마음이었고, 누가 왔다고 해서 긴장하거나 그러진 않았다. 그런데 알고 보니 꽤 유명한 찬양 인도자였다. 영상도 많이 올라와 있고, 유명한 예배 모임에서 마이크를 잡았던 사람이었다. 처음엔 그냥 멋지다고 생각했다. 그런데 얼마 지나지 않아 이상한 감정이 생기기 시작했다.

그 친구가 함께 찬양할 때면, 사람들의 반응이 다르게 느껴졌다. 분위기가 더 뜨거워지는 것 같았고, 내 인도와는 뭔가 다른 감동이 전달되는 것 같았다. 그렇게 느끼고 있다는 것 자체가 부끄럽기도 했다. 그런데 그 마음이 점점 자리를 잡기 시작했다. 그러자 스스로가 작아지고 자신감이 사라지기 시작했다.

찬양을 준비하는 시간보다 비교의 감정과 싸우는 시간이 더 많아졌다. 사명으로 시작했던 찬양이 어느샌가 나의 자존심을 지키는 일이 되어 버렸다. 열심히 준비하고 나서도 마음은 자꾸만 허탈했다. '사람들이 뭐라고 느꼈을까?'라는 의문이 더 중요한 기준이 되어버렸기 때문이다.

이처럼 청년들의 마음을 무너뜨리는 유혹이 있다. 그건 성적 유혹이나 물질의 유혹처럼 노골적으로 보이지는 않지만, 더 깊고 은밀하게 파고든다. 바로 비교다. 남과 나를 끊임없이 비교하게 만든다. 그래서 비교의 유혹은 신앙의 열정을 빼앗고, 삶의 동력을 무너뜨린다. 누군가가 나보다 앞서 있는 것처럼 보이면 나 자신은 초라해 보이기 시작한다. 학벌도, 연봉도, 직장도, 결혼도, 외모도, 심지어는 인스타 팔로워 수마저도 나를 평가하는 기준이 되어버린다. 다른 사람은 벌써 무언가를 이뤄 가고 있는 것 같은데 나는 아직 시작도 못 한 것 같고, 나만 혼자 뒤처진 사람처럼 느껴지기 시작한다.

그렇게 마음이 급해진다. 지금 이 자리를 지켜 내는 것보다 더 빨리 앞서가려는 방법을 찾고 싶어진다. 당장 효과가 있어 보이는 선택, 눈에 보이는 결과, 그리고 사람들의 인정이 더 중요해 보인다. 그러다 보면 정직함은 유연함이라는 이름으로 바뀌고 기도보다 네트워크가 우선이 된다. 그리고 말씀보다는 눈치가 먼저가 된다.

그때부터 하나님이 말씀하신 부르심은 흐릿해지고, 세상의 속도와 사람들의 평가가 내 나침반이 되어버린다. 그런데 가장 무서운 건 그 모든 걸 내가 지혜로운 선택이라고 착각한다는 것이다. 사실은 불안한 마음에 내 신앙을 포기한 것일 수도 있는데 말이다.

그래서 우리는 끊임없이 깨어 있어야 한다. 유혹은 화려하거나 거창한 모습으로 다가오지 않는다. 오히려 남과 나를 비교하며 느끼는 불안감 속에 자연스럽게 스며든다. 우리는 내가 가고 있는 이 길이 맞는지 계속 점검해야 하고 하나님이 나에게 말씀하신 그 부르심을 놓치지 않도록 중심을 지켜야 한다.

지금은 비록 눈에 띄지 않는 자리일지라도, 지금은 아무도 손뼉 쳐 주지 않는 걸음일지라도, 하나님 앞에서 충실한 것이 가장 위대한 걸음임을 믿어야 한다. 진짜 신앙은 남들과 비교하며 흔들리는 것이 아니라 나를 부르신 하나님께 집중하며 걸어가는 것이다. 그래서 우리에겐 훈련이 필요하다. 유혹 앞에서 단호해지는 훈련. 하나님을 먼저 생각하는 훈련 말이다. 지금은 비록 작고 보잘것없어 보여도 하나님과 함께하며 그렇게 하루하루를 선택해 가는 것이다.

삶은 한 번의 거대한 결과보다 수많은 작고 사소한 선택들의 누적임을 명심하자. 그리고 그 순간들을 하나씩 믿음으로 쌓아 갈 때 그 길은 결국 하나님이 기뻐하시는 길이 되고, 진짜 승리의 길이 된다. 다른 사람이 아닌, 하나님의 시선을 따라가야 한다. 비교를 멈추고 음성에 다시 귀 기울일 때 우리의 삶은 다시 제자리를 찾게 된다.

"주님!
제 안에 자꾸만 비교하고 조급해하는 마음이 올라올 때가 있습니다.
그러나 오늘 다시 고백합니다. 하나님이 저를 부르신 이 길을 믿고 걷
겠습니다. 사람의 시선보다, 주님의 시선을 먼저 보게 해 주세요."

④ 음란의 유혹에서 벗어나자!

그녀는 전주에서 고등학교를 졸업하고, 처음으로 수도권에 있는 대학에 입학하게 되었다. 자취방을 구하고, 새로 만난 사람들과 어울리며 나름대로 적응해 가던 어느 날, 같은 학과 남학생과 자연스럽게 가까워졌다. 외모도 괜찮고, 말도 부드럽고, 주변에서 부러워할 만큼 인기 많은 사람이었다. 그 사람과 연인이 되면서, 처음으로 누군가에게 설레고 기대하게 되는 감정을 느꼈다.

하지만 시간이 지날수록 마음속에서 지워지지 않는 불안함이 자꾸 고개를 들기 시작했다. 어느 날부터인가 남자친구가 과도하게 신체 접촉을 요구했다. 처음엔 손을 잡고 안아 주는 정도였는데, 점점 더 선을 넘는 요구가 많아졌다. 그러다 결국, 같이 잠을 자자고 말했다.
여학생의 마음은 복잡했다. 단순한 거절로 끝낼 수 없는 관계였다. 여학생은 어릴 때부터 '결혼 전까지 성관계는 하지 않겠다' 라는 다짐을 하고 있었다. 그건 고집이 아니라 하나님 앞에서 세운 결심이었다. 하지만 막상 그런 상황에 놓이게 되니 머리가 하얘졌다. 남자친구를 좋아하는 마음도 분명했고, 나를 진심으로 아껴 준다고 믿고 싶었다.

그런데 이게 정말 사랑일까? 아니면 사랑이라는 이름으로 포장된 요구일까?

요즘 크리스천 청년들에게 성적 유혹은 더 이상 특별한 이야기가 아니다. 단지 음란물이나 원나잇 같은 극단적 장면만을 말하는 게 아니다. 혼자 있는 자취방에서 새벽까지 이어지는 메시지, 밤늦게 이어지는 데이트, 점점 더 가까워지는 스킨십. 그 모든 건 생각보다 자연스럽고, 거부하기 애매할 만큼 일상 속에 들어와 있다.

특히, 혼자 지내는 시간과 공간이 많아질수록, 유혹은 더 가까워진다. 외로움이 밀려오는 밤, SNS 속 다른 사람들의 연애 모습이 부럽게 느껴지는 순간, 누구에게 기대고 싶고 안기고 싶은 마음이 생긴다. 그럴 때, 상대방이 나를 사랑한다는 말로 접근하면, 그것이 단지 감정인지 욕심인지 구분하기 어려워진다.

그리고 더 어려운 건 교회공동체 안에서도 이런 유혹이 생긴다는 사실이다. 서로 신앙이 있다고 말하지만, 연애의 선을 정하는 기준은 제각각이다. 어떤 커플은 "우리도 다 커서 성인인데 이 정도는 괜찮지 않아"라고 말한다. 어떤 사람은 "진짜 사랑하면 어차피 결혼할 건데 뭐 어때"라고 대수롭지 않게 생각한다.

그렇게 수많은 애매한 기준이 오히려 신앙의 기준을 흐리게 만든다. 처음엔 분명히 지키기로 했던 다짐도 사람의 말과 분위기에 따라 조금씩 흔들리게 된다.

그리고 '나만 이런 생각을 하나 그렇다면 이건 너무 고리타분한 건 아닐까?'라는 생각이 들어오기 시작하면, 그때부터 마음은 이미 무너지고 있는지도 모른다.

하지만 그 모든 유혹의 배경에는 한 가지 공통된 흐름이 있다. 바로 하나님보다 더 중요해진 관계가 생기는 것이다. 그리고 그 중심이 무너지기 시작하면 결국 내 신앙도, 내가 스스로 지켜야 했던 믿음의 기준도 하나씩 흐려지게 된다. 성적인 유혹 앞에서 이겨 내는 길은 단순하지 않다. 단호한 거절 한마디면 끝나는 문제가 아니다. 감정이 얽혀 있고, 관계가 형성돼 있고, 외로움이 틈타 있는 상황에서는 "아니요"라는 말조차 두려울 수 있다. 그래서 필요한 건 무작정 참는 의지가 아니라, 내가 이 관계 안에서 진짜 지켜야 할 것이 무엇인가를 아는 분별력이다.

그 사람이 나를 좋아한다고 말해도 하나님보다 앞서는 사랑은 결국 나를 무너뜨릴 수 있다는 걸 기억해야 한다. 순간의 감정에 휩쓸려 하나님의 질서와 원칙을 무너뜨린다면, 사랑이 아니라 타협이 된다. 그리고 결국 상처로 남는다. 그래서 우리는 훈련해야 한다.

내 감정이 앞서기 전에 하나님의 뜻을 먼저 묻는 훈련. 사귐을 시작하기 전에 어디까지가 우리 신앙의 기준인지를 분명히 정하는 훈련. 스킨십의 강도보다 기도의 깊이를 함께 나누는 연애를 선택하는 훈련. 그리고 정말 어렵고 불편하더라도 안 된다고 말할 줄 아는 용기의 훈련 말이다.

　물론, 이런 기준을 지킨다고 해서 모두가 이해해 주지는 않는다. 어떤 사람은 유난스럽다고 하고, 어떤 사람은 답답하다고 할 것이다. 하지만 누군가의 기대에 맞추는 삶이 아니라, 하나님의 부르심에 반응하는 삶을 살고 싶다면, 때로는 혼자서라도 "이건 아니야"라고 말할 수 있는 힘이 필요하다. 진짜 사랑은 하나님 앞에서 당당한 관계다. 죄책감 없이 웃을 수 있고, 숨기지 않아도 되는 관계다. 그리고 그런 사랑을 꿈꾸고 준비하는 사람은 지금의 유혹 앞에서 멈추고 돌아설 줄 아는 것이다.

　지금 누군가와의 관계 속에서 마음이 흔들린다면, 그 감정을 정죄하기보다 먼저 하나님 앞에 솔직하게 가져 가는 것이 중요하다. 내가 원하는 게 무엇인지, 하나님이 원하시는 게 무엇인지. 그리고 무엇이 진짜 나를 살리는 길인지 묻는 것이다. 유혹은 강하지만, 하나님의 부르심은 더 깊고 강하다. 그 부르심 앞에 무릎 꿇고 다시 서자. 그게 진짜 승리다.

> "주님!
> 감정보다 말씀을 따라 살 수 있는 지혜와 용기를 제게 허락해 주세요. 순간의 유혹 앞에서도 하나님의 뜻을 붙드는 믿음을 선택하게 하소서."

5 내가 주인이 되고 싶은 유혹에서 벗어나자!

그녀는 대학교를 졸업하고, 처음으로 사회생활을 시작했다. 모든 게 낯설었지만, 그녀는 빠르게 적응해 갔다. 아침마다 일찍 일어나 출근했고, 낯선 사람들 속에서도 차츰 자신의 자리를 찾아갔다. 직장 상사도 괜찮았고, 일이 손에 익어 갈수록 스스로에 대한 만족감도 커졌다. 그녀는 신앙도 가지고 있었다. 고등학교 때부터 꾸준히 교회를 다녔고, 대학 시절에는 청년부 활동도 성실히 했다. 교회 안에서 예배하고, 봉사하고, 친구들과 어울리며 신앙은 자연스럽게 삶의 일부가 되어 있었다.

그리고 지금도 여전히 교회를 다니고 있다. 주일 오전이면 예배당에 앉아 찬양을 부르고 말씀을 듣는다. 직장에 다니느라 청년부 예배는 못 가지만, 어른 예배는 꼭 참석한다. 예배는 그녀의 루틴 중 하나였다. 그런데 이상했다. 마음 어딘가가 허전했다. 예배를 드리면 분명 말씀을 듣고 찬양도 하는데 예배당을 나서는 순간 다시 평소의 삶으로 돌아가는 느낌이었다. 예배는 드렸지만 삶은 그 예배와 별개로 흘러갔다. 직장에서의 스트레스, 친구들과의 약속, 주중에 쌓인 피로가 예배보다 더 실감 나는 현실처럼 다가왔다.

사실, 그녀는 누구보다 성실한 사람이었다. 업무도 꼼꼼히 챙기고, 자기관리에 열심이었다. 일주일에 세 번은 필라테스를 했고, 퇴근 후에는 영어회화 수업도 들었다. 토요일엔 카페에서 브런치를 먹고, 넷플릭스로 주말을 정리했다. 삶은 알차고 균형 잡혀 보였다. 그러나 그 모든 일상에서 하나님은 조금씩 밀려나고 있었다. 예배는 지켰지만, 중심은 자신이었다.

어느 날 교회에서 연락이 왔다. 청년부 예배에 오지 않아서 연락을 드린다고 했다. 그녀는 바쁘다고 답했다. 사실이었다. 주중은 정말 바빴다. 하지만 진짜 이유는 바빠서가 아니었다. 뭔가 마음이 불편했다. 예배는 드렸는데, 그 이상은 하고 싶지 않았다. 괜히 더 깊게 들어가면 삶이 피곤해질 것 같았다.

그녀는 하나님을 부정하지 않았다. 하지만 더 가까이 다가가는 것도 원하지 않았다. 지금처럼 적당한 거리에서 주일 예배는 드리되 나머지 삶은 자기 방식대로 살고 싶었다. 하나님이 간섭하시면 불편할 것 같았다. 이쯤에서 멈춰 있으면 책임도 없고 편했다. 마음속 깊은 곳에서 '주님, 예배까지만 드릴게요'라는 말이 들려오는 듯했다.

그런데 문제는, 신앙이 그렇게 나뉘어 살 수 없다는 데 있다. 하나님은 우리에게 주일 아침 두 시간만 원하시는 분이 아니다. 우리 전체 삶을 다스리길 원하시는 분이다. 예배는 삶 전체로 이어져야 한다. 하나님은 예배당 안에서만 주인이신 분이 아니라 우리의 일상, 퇴근길, 주말 일정 등 모든 상황 속에서 주인이 되셔야 하는 분이시다.

우리가 하나님을 제한할 때, 사실은 하나님이 아닌 내가 주인이 되고 싶은 것이다. 주일에는 하나님, 평일에는 나. 그건 분명한 신앙의 혼란이다. 하나님보다 내 생활방식을 더 중요하게 여기고, 내 시간을 먼저 고려하는 태도는 결국 나 자신을 우상으로 만드는 일이다. 예수님보다 더 신경 쓰고, 더 중심에 두는 것이 있다면, 그것은 곧 우상이다.

우상이란 단지 불상이나 물질만을 말하는 게 아니다. 요즘 청년들에게 더 위협적인 우상은 나 자신이다. 내가 편한 대로 믿는 신앙. 모든 것이 내 중심으로 흐를 때 하나님은 점점 곁으로 밀려난다. 그러다가 삶의 진짜 중심에서 사라진다. 그녀는 자신도 알고 있었다. 지금의 상태가 온전한 신앙이 아니라는 걸. 하지만 쉽게 벗어나기 어려웠다. 직장생활은 버겁고, 시간은 늘 부족했다. 예배를 포기한 건 아니었으니 괜찮다고 자기합리화를 계속했다. 그러나 어느 날 문득, 더 이상 하나님께 진심으로 기도하지 않고 있다는 걸 깨달았다. 성경도 펴지 않은 지 오래였다. 삶은 편했지만, 마음은 깊이 말라 있었다.

그 순간, 그녀는 진짜 신앙이란 예배에 한 번 참석하는 것이 아니라, 삶 전체를 하나님께 드리는 거라는 사실을 깨달았다. 하나님은 시간표 중 한 칸이 아니라, 그 시간표 전체를 품고 계신 분이셨다. 진짜 예배는 일주일 내내 이어지는 삶의 태도에서 드러나는 것이었다. 신앙은 한 번의 결단으로 끝나지 않는다. 매일의 선택 안에서, 오늘도 내가 누구를 주인으로 삼고 살아가는지를 묻는 여정이다. 바쁘다는 이유로 피곤하다는 이유로 하나님을 미뤄 두지 말자. 내 삶에서 하나님이 중심이 아니면 다른 어떤 것도 제자리를 찾을 수 없다.

하나님은 당신이 예배당 안에서만 머무르길 원하지 않으신다. 당신의 퇴근길에도 함께하길 원하신다. 하나님은 간섭이 아니라 인도하심으로 우리와 동행하신다. 그 인도하심을 거절하지 말고, 기쁨으로 받아들이자. 그분께 삶 전체를 내어드릴 때 진짜 자유가 시작된다.

> "주님!
> 주일의 예배만이 아니라, 제 삶 전체를 다스려 주세요. 제가 주인 되려 했던 마음을 내려놓고, 오늘도 주님을 따르겠습니다."

6 교만의 유혹에서 벗어나자!

    그녀는 고등학교 때 수련회를 갔다가 처음으로 찬양팀을 보고 마음이 뜨거워졌다. 무대 위에서 주님을 찬양하는 그 모습이 너무 아름다워 보였다. 그날 이후, 그녀는 결심했다. '나도 저렇게 하나님을 찬양하는 사람이 되고 싶다'라고 말이다. 그 다짐은 일시적 감정이 아니었다. 그녀는 고등학교 졸업 후 곧바로 유명한 찬양팀 아카데미에 등록했다. 처음부터 기초를 다시 배웠다. 쉬는 날이면 발성 연습을 받았고, 늦은 밤까지 연습을 멈추지 않았다. 뼈를 깎는 시간이었다. 친구들이 놀 때, 그녀는 찬양을 준비했다. 그렇게 몇 년이 흐르고, 마침내 지금 다니는 교회 청년부의 찬양 인도자가 되었다.

    처음 무대에 섰던 날, 그녀는 눈물을 흘리며 "하나님! 이 자리가 하나님을 높이는 자리가 되게 해 주세요"라고 기도했다. 그것은 진심이었다.

    예배 시작 전에는 꼭 기도했고, 가사 하나하나에 집중했다. 하나님의 임재를 경험하게 해달라고 기도하며 찬양했다. 그러자 주변에 있는 사람들의 반응이 달라졌다. 찬양하는데 은혜받았다고 말했고, 덕분에 마음의 위로를 얻었다고 했다. 그녀는 사람들의 좋은 반응에 정말 감사했고, 위로도 받았다. 나를 통해 누군가 하나님을 더 깊이 만났다면 그것만으로 충분하다고 생각했다.

하지만 어느 순간부터 마음이 조금씩 달라지기 시작했다.
사람들의 칭찬이 점점 귀에 익숙해졌다.

오늘 너무 잘했어요!
언니 목소리 진짜 은혜로워요!
오늘 찬양 때문에 울었어요!

이런 말들이 기분 좋게 다가왔다. 처음에는 겸손하게 웃으며 넘겼지만, 나도 모르게 그 말들을 기다리게 되었다.

그녀는 더 잘하고 싶었다. 아니, 더 인정받고 싶었다. 주님께 드리는 찬양이었지만, 사람들의 박수와 반응이 없으면 허전해졌다. 악보를 볼 때보다 사람들의 반응을 더 살피는 자신을 발견했다. 언제부터인가 하나님을 높이기 위해 찬양하는 것이 아니라 내가 더 잘했는지를 신경 쓰고 있었다. 무대는 예배의 자리가 아니라 평가의 자리가 되어 가고 있었고, 그녀는 그 무대의 주인처럼 행동하고 있었다.

그때부터 그녀는 조금씩 중심을 잃기 시작했다. 찬양은 여전히 하나님을 향한 것이었지만, 마음은 점점 사람들의 반응을 향하고 있었다. 가사가 감동적이어서가 아니라 내가 칭찬을 들었을 때만 마음이 채워지는 느낌이 들었다. 어느 무대 위에서나 하나님은 작아졌고, 자신은 커져 있었다. 이것이 바로 교만이다.

교만은 하나님보다 내가 앞서려는 마음이다. 내가 인정받고 싶고, 내가 주목받고 싶고, 내가 드러나고 싶은 욕구가 내 안에서 자라날 때 하나님은 조금씩 그 자리에서 밀려나신다. 겉으로는 하나님을 위해 한다고 말하면서도 실제로는 내 만족과 내 명예를 위해 움직인다. 교만은 그렇게 조용히 시작된다. 누구나 다 겪을 수 있는 유혹이고, 의외로 쉽게 다가온다.

교만의 유혹은 찬양팀 안에서만 일어나는 게 아니다. 말씀을 전하는 사람도, 봉사하는 사람도, 선한 일을 하는 모든 자리에서 이 유혹은 일어난다. 처음에는 분명히 하나님을 위해 시작했는데, 어느 순간부터 사람의 인정을 원한다. 그리고 자기 자리를 지키는 데만 집중하게 된다. 하나님께 받은 은혜로 세워졌지만 그 은혜를 잊고 스스로 그 자리에 오른 것처럼 행동하게 된다.

문제는 교만은 반드시 무너짐으로 이어진다는 것이다. 교만은 하나님과의 거리를 만든다. 겉으로는 여전히 예배하고, 찬양하고, 말씀을 전하지만 그 중심에 하나님이 계시지 않게 된다. 그 순간부터 모든 사역은 생명을 잃는다. 말은 살아 있어도 힘이 없고, 찬양은 감동이 있어도 변화가 일어나지 않는다. 그것이 교만의 무서움이다. 아무도 몰라도 하나님은 아신다. 중심을 뺏긴 사람을 하나님은 그냥 두지 않으신다.

성경은 말한다. 하나님은 교만한 자를 대적하시고, 겸손한 자에게 은혜를 주신다고. 하나님은 겸손한 자를 기뻐하시고, 자신을 낮추는 자를 사용하신다. 겉으로 멋지게 보이는 사람보다 속사람이 정직하고 낮은 자를 하나님은 찾으신다. 결국, 하나님이 쓰시는 사람은 실력이 뛰어난 사람이 아니라 마음이 하나님 앞에 바른 사람이다.

그녀는 어느 날, 다시 무릎을 꿇었다. 사람들이 뭐라고 하든 하나님 앞에서 내 마음이 바로 서야겠다는 마음이 들었기 때문이다. 하나님 없이 무대에 서는 것이 얼마나 무의미한지를, 내 안의 교만이 얼마나 위험한지를 깨달았기 때문이다. 그래서 다시 기도하기 시작했다. 하나님, 나를 내려놓게 해달라고. 하나님, 내 마음이 다시 하나님을 가장 크게 바라보게 해달라고 기도했다.

교만의 유혹에서 벗어나는 길은 하나다. 하나님 앞에 다시 서는 것이다. 하나님이 아니면 아무것도 할 수 없다고 고백하는 자리로 돌아가는 것이다. 중심을 잃었다면 다시 중심을 찾고, 하나님보다 내가 앞섰다면 그 자리에서 내려와야 한다. 그래야 하나님이 다시 일하실 수 있다. 예배는 내가 주인 되는 자리가 아니라 하나님을 높이는 자리다. 찬양은 나를 드러내는 수단이 아니라 하나님의 영광을 올려드리는 통로다. 삶의 모든 자리는 결국 하나님의 자리를 빼앗는 것이 아니라 그 자리를 지켜 드리는 것이어야 한다.

그러니 기억하자. 교만은 누구에게나 올 수 있는 유혹이다. 하지만 누구나 거기서 벗어날 수도 있다. 내가 다시 하나님 앞에 정직하게 서기로 결단한다면 하나님은 다시 나를 쓰신다. 이전보다 더 깊은 자리에서, 더 낮은 자리에서 하나님의 영광을 드러내는 사람으로 회복시키신다.

하나님은 당신의 능력을 드러낼 도구가 아니라, 하나님의 마음을 닮은 사람을 찾고 계신다. 그러니 비교하지 말고, 올라서려 하지 말자. 주어진 자리에서 하나님만 높이자. 교만은 무너지지만, 겸손은 끝까지 남는다.

"주님!
저를 무대의 주인이 아니라 예배의 인도자로 세워 주소서. 교만의 유혹에 빠지지 않게 하시고, 늘 낮은 자리에서 하나님만 높이게 하소서."

7 험담의 유혹에서 벗어나자!

그녀는 청년부에서 오랫동안 함께 신앙생활을 해 온 친구가 있었다. 주일마다 함께 예배를 드리고, 수련회도 늘 같이 다녔다. 서로의 집을 오갈 정도로 가까운 사이였기에 말하지 않아도 통하는 사이처럼 느껴졌다. 그러던 어느 날, 청년부 한 형제가 그녀에게 고백했다. 평소에 관심이 있던 사람이었기에 그녀는 기쁜 마음으로 고백을 받아들였다. 그렇게 둘은 청년부 안에서 자연스럽게 연애를 시작했다. 주변에서도 응원해 주었고, 그녀는 더할 나위 없이 행복했다.

그런데 연애가 시작되고 몇 주가 지난 뒤부터 친구의 태도가 조금씩 달라지기 시작했다. 예전처럼 먼저 연락을 하지 않았고, 함께하던 모임에서도 점점 거리를 두는 느낌이었다. 처음엔 바쁜가 보다 했지만, 시간이 갈수록 그 거리는 점점 멀어졌다. 그러던 중, 청년부의 다른 지체를 통해 믿기 힘든 이야기를 듣게 되었다. 그녀의 절친했던 친구가 다른 사람들에게 자신에 대해 좋지 않은 이야기를 하고 다닌다는 것이었다. 처음엔 믿기지 않았다. 하지만 같은 이야기를 다른 사람에게서도 들었을 때, 그녀는 무시할 수 없었다.

결국, 조용히 친구를 불러 이야기를 나누었다. 그러자 충격적인 사실을 알게 됐다. 그 친구도 그 형제를 좋아하고 있었다는 사실을 말이다. 그 친구는 오랜 시간 혼자 좋아해 왔는데, 그녀가 갑자기 사귀기 시작한 것이 서운하고 억울하다고 했다. 그래서 그 감정을 참지 못하고 다른 사람들에게 자신도 모르게 험담을 했다고 고백했다.

그녀는 친구의 이야기를 들으며 마음이 아팠다. 배신감도 있었지만, 무엇보다 험담이라는 것이 얼마나 쉽게 사람 사이를 멀어지게 하는지 실감할 수 있었다. 그녀는 차분하게 "우리가 감정적으로 힘들다고 해서 그 마음을 험담으로 풀기 시작하면 끝이 없어. 그렇게는 누구도 회복될 수 없어"라고 말했다. 그리고 서로의 감정을 이해하려고 노력했고, 관계는 천천히 회복되어 갔다.

이 이야기는 우리에게 분명한 교훈을 준다. 험담은 관계를 파괴하는 가장 강력한 무기다. 특히, 신앙공동체 안에서는 더욱 치명적이다. 단지 개인의 감정 문제가 아니라 그 공동체 전체의 분위기와 신뢰를 흔들어 놓을 수 있기 때문이다. 문제의 본질은 해결되지 않고, 오히려 오해와 상처만 쌓여 간다. 험담은 듣는 사람에게도, 말하는 사람에게도 결국 독이 된다.

험담이 가장 무서운 이유는 그것이 처음에는 정당한 말처럼 포장된다는 데 있다. 내 입장을 변호하고, 억울함을 풀기 위한 말처럼 시작된다. 하지만 결국에는 상대를 깎아 내리는 방향으로 흐른다. 말은 멈추기 어렵다. 한 번 내뱉고 나면 점점 더 많은 말이 필요해진다. 그러다 보면 진실이 무엇이었는지조차 흐려진다. 그래서 험담은 말의 문제가 아니라 마음의 문제다.

마음속에 상처가 쌓이고, 그 감정이 제대로 정리되지 않으면 언젠가는 말로 터져 나오게 된다. 괜히 말한 게 아니다. 마음이 그렇게 시켰기 때문이다. 그래서 우리는 마음을 먼저 점검해야 한다. 누군가 미워지는 감정이 올라올 때 나는 왜 이 감정을 갖게 되었는지 솔직하게 들여다봐야 한다. 그 감정이 섭섭함이라면 대화를 시도해 보아야 하고 질투라면 그 마음을 인정하고 주님 앞에 가져 가야 한다.

무엇보다 중요한 건, 예수님을 생각하는 것이다. 우리가 무슨 말을 하든, 어떤 표정을 짓든, 예수님은 우리와 함께 계신다. 예수님은 우리가 어떤 이야기를 나누는지 들으신다. 예수님을 의식하면 우리는 함부로 말할 수 없다. 예수님을 진심으로 사랑한다면 그분이 슬퍼하실 말을 기꺼이 삼킬 수 있어야 한다.

험담의 유혹이 올 때마다 예수님 앞에서 멈추는 훈련이 필요하다. 그 훈련은 쉽지 않다. 하지만 그 순간 예수님을 바라보면 다른 선택을 할 수 있다. 말로 풀지 않아도 기도로 풀 수 있고 대화로 바로잡을 수 있다. 진심 어린 한 마디로 관계는 오히려 더 깊어질 수 있다. 예수님은 복음서에서 분명하게 말씀하셨다. 마음에 있는 것이 입으로 나온다고. 내 입에서 나오는 말은 결국 내 마음의 상태를 보여 주는 것이다. 그래서 우리는 입을 조심하는 것만큼 마음을 관리해야 한다. 하나님 앞에서 깨끗한 마음을 지키기 위해 끊임없이 기도해야 한다.

험담이 관계를 무너뜨릴 수 있지만, 은혜는 관계를 다시 세울 수 있다. 예수님의 시선을 기억하자. 그리고 오늘 내 입술이 생명의 말만을 담을 수 있도록 간절히 기도하자. 누군가 내게 상처를 줬을 때 그 이야기를 다른 사람에게 말하기 전에 먼저 예수님께 말하자. 예수님은 우리 마음의 가장 깊은 상처까지도 치유하실 수 있는 분이시다.

우리가 예수님을 사랑한다면 우리의 말도 예수님을 닮아야 한다. 누군가의 이름이 내 입에서 나올 때, 그 말이 축복의 말이 되어야 한다. 그 사람이 듣지 않아도, 들은 사람이 마음이 따뜻해지는 말이 되어야 한다. 그것이 험담의 유혹에서 벗어난 삶이며 예수님의 제자로 사는 삶이다.

오늘, 당신의 입술은 누구를 말하고 있는가? 그 말 속에 예수님은 계신가? 나의 억울함과 상처만 가득한가? 오늘도 우리 안에서 역사하시는 성령님께 도움을 구하자. 말을 멈출 수 있는 용기를. 축복의 말을 먼저 꺼낼 수 있는 겸손을. 그리고 관계를 살리는 은혜를 구하자. 험담은 어두운 마음에서 시작되지만, 은혜는 빛 가운데에서 피어난다. 우리는 그 빛의 사람이 되어야 한다. 지금 이 순간, 우리의 입술이 예수님을 닮아 가길. 그리고 누군가의 마음을 살리는 말로 오늘 하루를 시작하길. 그게 진짜 크리스천의 말이다.

"주님!
험담의 유혹 앞에서 내 입술이 멈추게 하시고, 먼저 마음을 살피는 지혜를 주소서. 내가 하는 말마다 예수님의 마음을 담아, 관계를 살리고 공동체를 세우는 말이 되게 하소서."

제 4 장

고난을 겪을 때

어떻게

해야 할까?

1. 하나님이 계신데 왜 이런 일이 일어났을까?
2. 기도해도, 아무 일도 바뀌지 않을 때
3. 내가 잘못해서 생긴 문제일까?
4. 신앙 때문에 오히려 손해 볼 때
5. 왜 나만 계속 실패할까?
6. 가정환경이 나를 짓누를 때

1 하나님이 계신데 왜 이런 일이 일어났을까?

그는 평소 교회도 잘 다니고 신앙생활도 열심히 하던 사람이었다. 유별나게 경건한 스타일은 아니었지만 최소한 하나님 앞에서 바르게 살고자 애쓰던 사람이었다. 아침마다 큐티를 하진 않았지만 일주일에 한 번 드리는 청년부 예배는 빠지지 않았다. 가끔 친구들과 술자리에 앉게 되는 날이 있어도 늘 마음속엔 하나님의 시선을 의식하며 살았다. 믿음이 완벽하진 않았지만 그래도 하나님과의 관계 안에서 바른 길을 걷고 싶었던 청년이었다.

그런데 그 청년에게 갑작스럽게 말도 안 되는 일이 일어났다. 어머니가 돌아가신 것이다. 병도 아니었다. 사고였다. 평범한 평일 저녁, 어머니는 친구와 함께 식사를 마치고 집으로 돌아가던 길에 택시를 타셨는데, 신호를 무시한 트럭 한 대가 그대로 들이받은 것이다. 병원으로 옮겨졌지만 이미 늦은 상태였다. 전화벨이 울렸고, 병원이라는 발신지를 본 순간부터 청년은 본능적으로 불길함을 느꼈다. 병원에 도착했을 때, 어머니는 이미 차가운 침상 위에 누워 계셨다. 그날 이후, 그의 삶은 멈춰 버렸다.

장례식 내내 아무 감정이 올라오지 않았다. 마치 꿈을 꾸는 것 같았다. 눈물조차 쉽게 나오지 않았다. 사람들이 조문을 오고, 위로의 말을 전할 때도 청년은 그저 멍한 눈빛으로 고개를 끄덕이기만 했다. 그렇게 며칠이 지나고, 장례가 끝난 뒤에야 감정이 터져 나왔다.

왜 하필 지금이었는지? 왜 아무런 징조도 없이 이렇게 끝나야 했는지? 그리고 제일 먼저 튀어나온 말은 이것이었다.

하나님, 도대체 왜요?

그는 하나님을 믿는 사람이었다. 하나님이 선하시다고 믿었다. 하나님은 전능하시다고 배워 왔다. 그런데 그런 하나님이 계시다면 어떻게 이런 일이 생길 수 있는가? 이건 너무 부조리하다고 생각했다. 자신은 하나님을 떠나지 않았고, 어머니 역시 늘 기도하며 살아온 분이었다. 그런데 왜 이런 말도 안 되는 사고가 벌어진 것인가? 도무지 이해되지 않았다.

몇 주 동안 그는 교회에 가지 않았다. 기도도 하지 않았다. 하나님을 원망하기보다는 차라리 회피하고 싶었다. 말씀을 펴는 게 두려웠다. 예배 시간에 찬양을 부르며 감정이 복받쳐 오를까 봐 무서웠다. 어떤 의미에서는 하나님을 믿는 게 더 고통스럽게 느껴졌다. 어머니가 없어진 현실보다 하나님이 계신데도 이런 일이 가능했다는 사실이 더 혼란스러웠다. 그는 하나님을 믿어왔기에 더 깊은 절망에 빠졌다. 믿지 않았다면 그냥 운이라고 생각하고 넘어갈 수도 있었을 것이다. 하지만 그는 하나님을 믿었다. 기도하면 들으신다고 믿었고, 하나님은 사랑이라고 배워 왔다.

그런데 왜, 지금 자신에게 이런 일이 일어난 것일까? 이 질문은 그를 무너뜨렸다. 동시에 그 질문은 수많은 청년의 질문이기도 하다. 하나님을 믿는데도 고난을 겪을 때 우리는 쉽게 흔들린다. 하나님이 전능하신 분이라면 이 고난을 막을 수 있으셨을 것으로 생각한다. 그리고 하나님이 선하신 분이라면 이런 고통은 허락하지 않으셨으리라 생각한다. 그래서 우리는 하나님의 선하심과 전능하심 사이에서 길을 잃는다.

하지만 우리가 반드시 기억해야 할 것이 있다. 하나님의 존재는 우리의 고난 유무로 판단되지 않는다는 것이다. 고난이 있다는 사실이 곧 하나님이 없다는 증거는 아니다. 하나님의 선하심은 고난이 없을 때만 드러나는 게 아니다. 때로는 우리가 이해할 수 없는 상황에서도 하나님의 뜻은 이어지고 있고, 하나님의 사랑은 여전히 흐르고 있다.

성경에도 이런 질문이 등장한다. 욥은 누구보다도 하나님을 경외했던 사람이었다. 그런데 하루아침에 자녀들을 잃고, 재산을 잃고, 몸까지 병들었다. 욥은 "하나님, 왜 나에게 이런 일이 일어납니까"라고 묻는다.

그런데 하나님은 욥의 질문에 명확한 이유를 설명하지 않으신다. 대신 하나님은 말씀하신다. 너는 나를 신뢰할 수 있느냐고 말이다.

우리의 신앙은 이해를 바탕으로 세워지는 것이 아니다. 신뢰를 바탕으로 세워지는 것이다. 하나님을 믿는다고 해서 삶이 항상 순탄할 거라는 보장은 없다.

진짜 믿음은 모든 것이 흔들릴 때 여전히 하나님을 신뢰하는 선택을 하는 것이다. 청년은 오랜 시간이 걸렸다. 다시 교회에 나가는 데까지 몇 달이 걸렸고, 예배 중에 눈물 없이 찬양할 수 있게 되는 데까지는 더 많은 시간이 필요했다. 그 시간 동안 청년은 여전히 물었다. 왜 이런 일이 일어났는지. 그러나 어느 순간 질문의 방향이 바뀌었다. '왜 이런 일이 일어났는가?'에서 '이 일을 통해 나는 무엇을 붙들어야 하는가'로 말이다.

하나님은 그의 질문에 말로 대답하지 않으셨다. 하지만 시간을 지나며, 고통의 자리에 머무는 그의 곁을 떠나지 않으셨다. 그의 눈물을 이해하셨고 그의 울음소리를 들어주셨다. 그리고 조금씩 다시 살아갈 수 있도록 도우셨다. 하나님은 우리가 모든 걸 이해할 때만 일하시는 분이 아니다. 우리가 이해하지 못할 때도 하나님의 뜻은 진행되고 있다. 그리고 그 뜻은 언제나 우리를 생명으로 이끄는 방향이다. 믿음이란 고난이 없음을 증명하는 것이 아니라, 고난 가운데서도 여전히 붙드는 것이 무엇인지를 증명하는 것이다.

지금 당신의 삶에 이해되지 않는 고난이 있다면 이렇게 말해 주고 싶다. 하나님은 지금도 당신과 함께하고 계신다고. 그리고 언젠가 지금의 눈물이 멈추는 날. 하나님은 당신의 등을 토닥이며 말하실 것이다.

수고했다. 잘 견뎌냈다. 나는 네 곁을 한 번도 떠난 적이 없었다.

"주님!
이해할 수 없는 고난 앞에서도 주님을 놓지 않게 하소서. 감정이 아닌 믿음으로 주님을 신뢰하게 하소서."

2. 기도해도, 아무 일도 바뀌지 않을 때

얼마 전 대학을 졸업하고 사회 초년생이 된 그는 누구보다 믿음 안에서 바르게 살고자 애쓰는 청년이었다. 일찍부터 믿음생활을 해 왔고, 삶의 선택마다 기도로 방향을 구했다. 가족도 신실한 신앙을 가진 가정이었다. 하지만 그의 삶에 커다란 고난이 찾아온 건, 바로 아버지의 병이 시작되면서부터였다.

평소 건강하던 아버지가 어느 날 갑자기 쓰러지셨고, 검사 결과는 예상을 깨는 중병이었다. 병명은 생소했고, 치료는 오래 걸릴 것이며, 완치는 장담할 수 없다는 이야기까지 들었다. 가족 모두에게 충격이었다. 청년은 무너지는 마음을 붙들고 기도하기 시작했다. 매일 새벽을 깨우며 하나님께 간구했다. 아버지의 병이 낫게 해달라고 금식까지 하며 간절히 매달렸다.

처음에는 하나님께서 반드시 고쳐 주실 거라는 확신이 있었다. 믿음으로 구하면 반드시 역사하신다는 말씀을 붙들었다. 병원에 갈 때마다 아버지 손을 잡고 기도했고, 집에서도 찬양을 틀며 아버지를 위해 기도했다. 청년부에서도 함께 기도해 주었고, 많은 이가 중보하며 응원해 주었다. 하지만 시간이 지날수록 상황은 나아지지 않았다. 병원 치료는 반복되었고, 아버지의 상태는 오히려 악화되기 시작했다.

청년의 마음은 점점 지쳐 갔다. 분명 하나님께 구했는데, 아무 변화도 없는 상황이 반복되자 마음 안에 질문이 생기기 시작했다.

> 하나님, 왜 아무 일도 일어나지 않습니까?

기도는 계속했지만, 어느 순간부터 형식처럼 느껴졌다. 말은 하고 있지만, 마음이 동하지 않았다. 하나님이 듣고 계신지, 응답할 생각이 있으신지조차 모르겠다는 생각이 들었다. 기도할수록 답답했고, 성경을 읽어도 말씀이 마음에 들어오지 않았다. 믿음을 붙들고 싶었지만, 현실의 아픔 앞에서는 자꾸 손을 놓고 싶어졌다. 그렇게 시간이 흐르자, 마음속 깊은 곳에서 하나님께 대한 원망이 고개를 들었다.

청년은 '내가 이렇게까지 기도했는데 왜 아무 일도 바뀌지 않는걸까'라며 혼란스러워했다. 기도에 능력이 있다고 배웠고, 믿음으로 구하면 주신다고 들었는데, 왜 아버지의 병은 그대로인지 이해되지 않았다. 차라리 기도하지 않았으면 덜 실망했을 거라는 생각까지 들 정도였다.

이런 감정은 그를 죄책감으로 몰아넣었다. 하나님께 실망하는 내 모습이 잘못된 건 아닐까? 믿음이 약해서 그런 걸까? 그래서 기도가 응답되지 않는 걸까? 수많은 생각이 머릿속을 가득 채웠다. 그는 점점 지쳐 갔고 신앙도 흔들리기 시작했다.

하지만 그 무기력한 기도의 시간 속에서 아주 작은 변화가 찾아왔다. 어느 날 아무 기대 없이 성경을 펼쳤는데 눈에 들어온 한 구절이 마음을 멈춰 세웠다.

… 너희가 환난을 당하나 담대하라. 내가 세상을 이기었노라(요 16:33).

그 말씀은 상황을 바꾸지는 않았지만, 그의 시선을 바꾸기 시작했다. 하나님은 지금도 내 곁에 계시며 나를 떠난 적이 없다는 사실이 마음에 서서히 스며들었다. 아버지의 병은 여전히 낫지 않았고, 가족의 현실도 달라지지 않았지만, 그의 기도는 바뀌기 시작했다.

"하나님! 치유해 주세요"라는 기도가 "하나님! 이 시간을 견딜 수 있는 믿음을 주세요"라는 간구와 고백으로 바뀌었다. 상황을 바꾸기 위한 외침이 아니라, 그 상황 속에서도 하나님을 붙들기 위한 믿음의 자리로 옮겨 가고 있었다.

기도는 하나님과 나 사이의 깊은 대화이다. 동시에 기도는 하나님 앞에서 나 자신을 내려놓는 시간이다. 그래서 많은 사람은 기도할 때 응답을 기대한다. 당연하다. 우리는 하나님께 간절히 구한다. 문제를 해결해 달라고, 병을 고쳐 달라고, 마음의 평안을 달라고 기도한다. 그리고 하나님이 들으신다면 응답하실 거라고 믿는다.

하지만 삶을 살다 보면, 그런 기도에 아무런 응답이 없는 것 같은 순간을 만나게 된다. 계속 기도했는데 상황은 나아지지 않는다. 오히려 더 악화되는 것 같고, 시간이 지날수록 더 지치는 경험을 하게 된다. 그때 사람들은 고민에 빠진다.

> 하나님은 정말 나의 기도를 들으시는 걸까?
> 내가 잘못 기도한 건 아닐까?
> 아니면 내 믿음이 부족해서일까?

그럴 때 많은 이가 이런 상황에서 기도를 멈추게 된다. 기도해도 소용없다는 생각이 들어서이다. 그러나 기도는 내가 원하는 결과를 얻기 위한 수단이 아니다. 기도는 하나님과의 관계를 지켜 가는 고백이며, 하나님의 뜻을 기다리는 믿음의 태도이다. 그래서 기도는 응답 여부보다 누구에게 기도하고 있는가를 먼저 기억해야 한다.

하나님은 분명히 우리의 기도를 들으신다. 하지만 하나님의 응답은 우리가 원하는 방식과는 다를 수 있다. 하나님은 어떤 때는 아니라고 하시고, 어떤 때는 기다리라고 하신다. 어떤 경우에는 침묵하신다. 하지만 침묵이 하나님의 부재를 의미하지는 않는다. 침묵 속에서도 하나님은 일하고 계신다. 우리가 모르는 방식으로, 우리가 이해할 수 없는 깊이로 하나님은 일하신다.

우리는 기도할 때 결과를 얻으려 하기보다 신뢰를 배워야 한다. 지금 이 상황에서 하나님을 신뢰할 수 있는지, 지금 이 기다림 속에서도 하나님을 붙들 수 있는지를 돌아봐야 한다. 응답은 언제나 오지만, 그 응답이 내가 예상한 모습과 같지는 않다는 것을 기억해야 한다. 기도는 나의 뜻을 관철하는 행위가 아니다. 오히려 하나님의 뜻에 나를 맞춰 가는 시간이다. 그래서 기도는 묵묵히 걸어가는 믿음의 훈련이다. 아무리 기도해도 변화가 없는 것 같을 때, 오히려 더 기도해야 한다. 그때 하나님은 우리의 중심을 다듬으시고 준비시킨다.

기도는 멈추는 것이 아니다. 흔들릴수록 더 붙잡아야 할 도구이다. 우리가 기도를 멈출 때, 하나님과의 관계도 느슨해진다. 그러니 결과가 없다고 느껴질수록, 더 깊은 신뢰로 하나님 앞에 나아가야 한다. 하나님은 결코 멀리 계시지 않다. 들으시고, 보고 계신다. 그리고 하나님의 시간은 절대 늦지 않는다.

> "하나님!
> 내가 원하는 대답이 보이지 않아도 주님을 신뢰하게 하소서. 기다림 속에서도 흔들리지 않고 주님의 뜻을 따라가게 하소서."

3. 내가 잘못해서 생긴 문제일까?

    그는 청년부에 꾸준히 참석하며 믿음 안에서 성실하게 살아가려 노력하는 사람이었다. 졸업 후에도 청년부를 떠나지 않았고, 자연스럽게 소그룹 리더 역할을 맡게 되었다. 처음에는 자신이 리더로 적합한 사람인지 확신이 없었지만, 누군가는 해야 할 일이라는 생각에 기도하며 맡았다.

    그해 새 학기가 시작되면서 청년부에 많은 새내기가 들어왔다. 그는 마음을 다잡았다. 한 명 한 명 진심으로 섬기고, 공동체에 잘 적응할 수 있도록 돕자고. 그래서 단톡방에 정성스레 공지글을 올리고, 개인적으로 연락도 하며 안부를 묻고, 필요한 게 있으면 먼저 손을 내밀었다.

    하지만 어느 날, 예상치 못한 이야기를 듣게 되었다. 자기가 따로 챙기던 새내기 중 한 명이 다른 사람에게 그 오빠가 너무 부담스럽다는 이야기를 했다는 것이다. 관심을 많이 받는 느낌이 불편하다는 것이었다. 처음엔 믿기지 않았다. 그저 잘 지내길 바라는 마음으로 다가간 것이었다. 나쁘게 한 말도, 무리하게 한 행동도 없었다. 그런데 그런 오해를 받고 있었다는 사실이 청년을 크게 낙담하게 했다. 그 말이 사실인지 아닌지는 중요하지 않았다. 이미 마음은 깊이 상처받은 뒤였다.

그는 '내가 너무 앞서간 걸까? 그냥 가만히 있었어야 했나?' 하는 생각이 머릿속을 맴돌았다. 그렇게 자신을 돌아보며, 그의 마음엔 자책과 의심이 섞여 들기 시작했다. 그날 이후로, 청년은 리더로서 자신감을 잃기 시작했다. 단톡방에 글을 올릴 때도, 괜히 불편해하진 않을까 조심스러웠고, 누구에게 먼저 연락하는 것도 망설여졌다. 공동체를 위해 헌신하고자 했던 마음이 점점 작아졌다.

신앙적으로는 큰 흔들림이 찾아왔다. 하나님을 위해 잘해 보려 했는데 왜 이런 오해를 받아야 하는지. 마음을 다했는데 왜 결과는 이렇게 아프기만 한지 납득할 수 없었다. 기도할 때마다 마음속에는 억울함과 낙심이 뒤섞여 있었다.

이런 상황은 누구에게나 일어날 수 있다. 우리는 누군가를 위해 마음을 다하지만, 그 진심이 온전히 전해지지 않을 때가 있다. 때론 오해를 받고, 비난을 받기도 한다. 그러면 자연스럽게 이런 질문이 생긴다.
'그렇다면 이 고난은 내가 뭔가를 잘못해서 하나님이 주신 징계일까?' 우리는 본능적으로 원인을 자신에게서 찾는다. 물론, 자기를 돌아보는 것은 성경적으로 중요한 태도다.

하지만 모든 고난이 나의 잘못에서 오는 것은 아니다. 다윗이 사울에게 쫓긴 것도, 다니엘이 사자 굴에 던져진 것도 그들의 잘못 때문이 아니었다. 오히려 하나님 앞에서 신실했기 때문에 그런 고난을 겪은 것이다. 청년의 상황도 마찬가지였다. 그는 진심으로 누군가를 섬겼다. 하나님을 위해 청년부를 위해 섬기고 싶었다. 그런데 돌아온 것은 상처였다. 그로 인해 마음속 깊은 회의가 생겼다. 하지만 하나님은 우리의 진심을 절대 외면하지 않으신다. 사람은 오해할 수 있지만, 하나님은 중심을 보신다.

그래서 중요한 건, 낙심 속에서도 우리가 붙들어야 할 기준이다. 나는 사람에게 보이기 위해 이 일을 시작한 것이 아니라, 하나님 앞에서 정직하게 살기 위해 이 길을 걷기 시작했다. 그 중심이 무너지지 않는다면, 어떤 고난 속에서도 우리는 다시 일어설 수 있다. 고난은 때때로 우리의 순수한 동기마저 흔들어 놓는다. 하지만 그 순간에도 하나님은 일하신다. 고난을 통해 우리의 중심을 다듬으시고, 섬김의 자리를 통해 더 깊이 이해하게 하신다. 사람들의 반응이 아니라 하나님께서 내 마음을 어떻게 보시는지가 더 중요하다는 걸 가르치신다.

청년은 시간이 흐른 뒤 다시 하나님 앞에 섰다. 그는 처음 리더가 되었을 때의 마음을 떠올렸다. 그 이후로 그는 더 조심스러워졌고, 동시에 더 단단해졌다. 섬김은 언제나 기쁨만 있는 것이 아니라, 때로는 외로움도 동반된다는 것을 배웠다. 그러나 하나님은 그런 외로움마저도 사용하셔서 우리를 더 깊은 믿음의 자리로 이끄신다.

혹시 지금 당신도 누군가의 말 한마디로 낙심하고 있다면, 혹은 섬김의 자리에서 상처받고 있다면 이 질문을 자신에게 던져 보라. '나는 하나님 앞에서 진실했는가?' 그 질문 앞에 정직하게 서 있다면 흔들리지 말자. 하나님은 당신의 중심을 아시고, 그 중심을 귀하게 여기신다. 고난은 그 중심을 더 견고하게 하는 도구일 뿐이다.

하나님은 우리의 중심을 보신다. 진심을 외면하지 않으신다. 사람의 말보다 크신 하나님의 평가를 붙들자. 지금 그 길이 힘들지라도, 결국 하나님은 그 자리를 회복의 자리로 바꾸실 것이다. 낙심하지 말고, 오늘도 묵묵히 주님 앞에서 진실하게 서자. 그것이 진짜 믿음의 길이다.

> "주님!
> 사람 앞에 완벽하지 못해 낙심할 때에도 주님 앞에서 진실했던 나를 기억하게 하소서. 모든 오해와 흔들림 속에서도 하나님을 위한 나의 중심이 무너지지 않도록 붙들어 주소서."

4. 신앙 때문에 오히려 손해 볼 때

그녀가 듣고 있던 수업에서 브랜드 마케팅을 주제로 한 조별 발표 과제가 나왔다. 그녀는 조원들과 회의를 열고 어떤 브랜드를 선택할지 논의했다. 다양한 의견이 오가며 조원들 사이에 활발한 대화가 이어졌다. 그러다 한 조원이 요즘 가장 반응이 좋은 콘텐츠 브랜드라며 성인 웹툰 플랫폼을 주제로 해 보자고 제안했다. 최근 광고 추세나 소비자 반응 면에서도 분석할 요소가 많고 흥미도 높은 주제라는 말에 대부분 조원이 적극적으로 동의했다.

하지만 그 말을 듣는 순간, 그녀는 마음이 불편해졌다. 평소 신앙을 특별하게 내세운 적은 없었지만, 이런 문제 앞에서는 늘 조심스럽게 고민하는 편이었다. 특히, 음란성과 폭력성이 강한 콘텐츠가 정상적인 문화처럼 포장되는 흐름에 대해 내심 경계하고 있었다. 그래서 그런 브랜드를 주제로 과제를 진행하는 것 자체가 신앙 양심에 어긋난다고 느꼈다.

처음엔 조심스럽게 다른 아이디어를 제안해 보기도 했다. 혹시 다른 브랜드는 어떠냐고. 이 주제가 나중에 발표할 때 민감할 수도 있다고 이야기했다. 그러나 분위기는 이미 굳어진 상태였다. 나머지 조원들은 성인 콘텐츠도 하나의 산업이고, 오히려 사람들이 많이 관심

두는 분야라 분석할 가치가 있다고 주장했다. 결국, 다수의 의견이 우선될 수밖에 없었고, 교수님 역시 브랜드만 잘 분석하면 된다는 취지의 피드백을 이미 주신 상태였다.

그녀는 고민에 빠졌다. 그대로 참여하는 게 맞는 걸까? 이건 수업 과제일 뿐이니까 그냥 지나가도 되는 걸까? 자신에게 수많은 질문을 던졌지만, 마음은 가볍지 않았다.

며칠을 고민한 끝에 그녀는 결정했다. 해당 과제에는 참여하지 않겠다고 말이다. 그녀는 조원들에게 정중히 양해를 구했다. 주제를 바꾸지 않는다면 자신은 조에서 빠지겠다고. 대신 발표 자료나 디자인 쪽으로 도움은 줄 수 있다고 전했다.

조원들의 반응은 냉담했다. 이해는 하겠지만 빠지겠다는 말은 책임 회피처럼 들릴 수밖에 없었다. 특히, 조장을 맡은 학생은 불쾌한 기색을 숨기지 않았다. 결국, 그녀는 해당 과제에서 이름이 빠졌고, 발표 점수 역시 조별 평균이 아닌 개인 점수로 처리되었다. 학점이 깎였고 조원들과의 관계도 어색해졌다. 그 일 이후, 그녀는 혼란스러웠다.

과연 이게 옳은 선택이었을까? 단지 피하고 싶은 마음이 더 컸던 건 아닐까? 과제를 거부한 자신의 태도가 조원들에게 상처를 준 건 아닐까?

그보다 더 깊은 물음은 이것이었다. 신앙을 지키기 위해 이런 결정을 했는데, 결과는 손해밖에 남지 않았다는 것이었다.

사실, 신앙 때문에 손해를 본다는 마음은 많은 청년이 경험하는 것이다. 정직하게 일했는데 결과는 오히려 불리하게 돌아올 때. 예배를 지키기 위해 약속을 거절했더니 소외되는 느낌이 들 때, 욕심을 버렸더니 기회에서 밀리는 것 같을 때. 사람들은 마음속으로 묻게 된다.

내가 너무 순진한 걸까? 혹시 이렇게까지 안 해도 되는 건 아닐까? 문제는 우리가 신앙을 지키는 대가로 반드시 좋은 결과를 기대하고 있다는 점이다. 신앙을 선택했으니 하나님이 그에 합당한 보상을 주실 거라고 믿는다. 그런데 현실은 그리 간단하지 않다. 신앙 때문에 결정을 내렸는데도 오히려 불이익이 찾아올 때 마음은 쉽게 낙담하게 된다. 이게 과연 하나님이 기뻐하시는 결과인가 혼란스러워지기도 한다.

그럴 때 우리는 기억해야 한다. 하나님은 우리가 어떤 선택을 했는가보다, 왜 그 선택을 했는지를 보신다. 손해를 감수하면서도 양심을 지켰다면, 사람들 눈에는 어리석어 보여도 하나님은 그 마음을 귀하게 여기신다. 우리는 보상을 기대하며 순종하는 것이 아니라, 하나님을 경외하기 때문에 순종하는 사람들이다.

예수님께서는 의를 위해 박해를 받는 자는 복이 있다고 하셨다. 세상은 그것을 손해라고 말하지만, 하나님 나라의 시선은 다르다. 손해 속에서도 하나님을 붙드는 자에게는 더 큰 상이 있다는 것이 복음의 메시지다. 신앙 때문에 손해를 감수한 사람에게 주어지는 더 큰 상은 단순히 물질적 보상이나 세상의 성공을 의미하지 않는다. 그것은 내가 옳은 길을 걸었다는 평안이며, 하나님이 나를 보고 계시고, 인정하신다는 확신이다. 이 확신은 시간이 지나도 흔들리지 않으며, 겉으로 드러나는 보상보다 더 깊은 힘을 준다.

그 청년도 그 경험을 통해 신앙의 기준을 다시 다잡게 되었다. 학점은 깎였지만, 마음에는 담대함이 생겼다. 사람의 시선이 아니라 하나님이 시선 앞에서 선택했다는 자부심. 그것이 그녀를 더 단단하게 만들었다. 그녀는 지금도 여전히 불편한 시선을 감수해야 할 때가 있다. 하지만 이제는 조금 더 분명한 기준을 갖게 되었다. 무엇이 손해처럼 보여도, 하나님 앞에서 옳은 선택이라면, 그것이 진짜 믿음이라는 것을 말이다.

혹시 지금 당신도 신앙 때문에 손해를 보고 있다고 느끼는가? 다른 사람들은 편하게 사는데, 나만 이 길을 가는 것 같아 외롭고 억울한가? 그렇다면 기억하자. 예수님도 똑같이 외롭고 억울한 길을 걸으셨다는 것을. 하지만 그 길 끝에는 영광이 있었다. 그분은 그 길을 당신을 위해 걸으셨고, 이제 당신도 그 길을 함께 걷는 것이다. 지금의 손해는 결코 낭비가 아니다. 하나님은 당신의 믿음을 보고 계신다. 오늘도 그분 앞에서 흔들리지 말자. 기꺼이 손해 보더라도, 하나님 앞에서 부끄럽지 않은 삶. 그 길을 걷는 것이 진짜 복이다.

"주님!
우리가 믿음 때문에 손해를 감수할 때마다 낙심하지 않게 하시고, 오직 주님 앞에서 담대하게 서게 하소서. 세상이 아니라 하나님의 시선 앞에서 옳은 선택을 하며 살아가도록 우리를 붙들어 주소서."

5　　　　　　　　　　　　　　　　　**왜 나만 계속 실패할까?**

　그녀는 어릴 적부터 초등학교 교사가 되는 것이 꿈이었다. 어릴 때부터 교회학교 아이들을 잘 챙겼고, 주일학교 선생님들도 늘 그녀에게 "넌 나중에 선생님 하면 진짜 잘하겠다"라고 말해 주었다. 그녀도 그 말이 참 좋았다. 아이들과 함께 있는 시간이 행복했고, 누군가를 가르치고 이끌어가는 삶이 멋있다고 생각했다.

　대학교도 교육학과로 진학했다. 졸업 후에는 바로 임용고시를 준비했다. 단순히 공무원이 되고 싶은 마음이 아니었다. 교사가 되어 아이들의 인생에 선한 영향을 주고 싶다는 마음이 컸다. 그래서 누구보다 진심으로 임용시험을 준비했다. 첫 시험. 아쉽게 떨어졌다. 하지만 처음이니까 부족했던 부분을 채우면 다음엔 가능할 거라 생각했다. 낙심하지 않았다. 오히려 더 열심히 공부했다. 수험생활 2년 차, 다시 시험장에 들어갔다. 결과는 또 불합격이었다. 점수는 올랐지만, 합격선에는 여전히 모자랐다.

　그녀는 점점 지쳐가기 시작했다. 시험 준비는 숨 돌릴 틈도 주지 않았다. 아침에 눈 뜨면 책상 앞에 앉았고, 밥을 먹고도 책을 봤다. 친구들과의 약속도 끊고, 가족들과의 외출도 줄였다. 시간을 아껴가며 집중했지만, 돌아온 건 불합격이라는 세 글자였다.

3년 차가 되자 마음이 흔들리기 시작했다. 정말 이 길이 자신의 길이 맞는 걸까 하는 의문이 찾아왔다.

공부는 하기 싫지 않았다. 하지만 미래가 보이지 않았다. 주위 친구들은 하나둘 취직해서 사회생활을 시작했는데, 자신은 여전히 수험생이었다. 교회도 예전처럼 다니지 못했다. 예배에 참석은 하지만, 마음은 온전히 들여지지 않았다. 기도할 때마다 마음속에서 같은 질문만 맴돌았다.

그녀는 하나님께 왜 계속 떨어지게 하시는지, 자신이 무엇을 그렇게 잘못했는지 눈물로 물었다. 그녀는 정말 이해할 수 없었다. 세상에서 살기 위해 하는 선택이 아니었다. 아이들을 가르치고, 예수님의 사랑을 전하는 선한 일을 하고 싶었을 뿐이었다. 그런데 하나님은 이 길을 자꾸 막으시는지, 왜 계속 실패하게 하시는지 도무지 알 수 없었다. 그녀는 시험을 준비하는 동안 늘 기도했다. 하나님께 합격의 은혜를 구했고, 합격하면 하나님께 영광을 돌리겠다고 다짐하기도 했다. 그러나 결과는 달라지지 않았다. 또 다시 불합격이었다.

반복되는 실패 앞에서 그녀는 점점 기도할 힘조차 잃어 갔다. 마음속에는 '붙여 주지 않을 거면서 왜 기도하게 하시는 걸까'라는 원망이 밀려왔고 그로 인해 마음은 복잡하고 깊은 아픔으로 가득해졌다.

그녀가 겪고 있는 고난은 단순히 시험 실패가 아니었다. 반복된 실패는 그녀 안에 있던 확신마저 무너뜨렸다. 하나님이 나와 함께하신다는 믿음, 하나님은 선하시다는 확신, 기도하면 응답하신다는 기대. 그런 모든 신앙의 기본들이 흔들리기 시작했다. 고난이 무서운 이유는 힘든 상황 그 자체 때문이 아니다. 그 상황이 우리의 믿음을 흔들기 때문이다.

고난이 깊어질수록 마음속에는 계속 이 길을 가는 것이 맞는지, 정말 하나님이 우리를 보고 계시는지에 대한 의문이 자주 떠오른다. 믿음으로 살아가려는 사람에게 이런 의문은 더욱 아프고 무겁게 다가온다.

무엇보다 가장 힘든 것은 이 고난의 끝이 보이지 않는다는 점이다. 아무리 마음을 다잡고 다시 시작해도 같은 실패와 좌절이 반복되면, 하나님께서 나를 외면하시는 것은 아닌가 하는 생각이 들기 시작한다.

이처럼 신앙생활을 하며 가장 두려운 고백 가운데 하나가 바로 '하나님이 나를 외면하시는 것 같다'는 것이다. 이는 그저 스쳐 지나가는 감정이 아니라, 신앙의 핵심을 뒤흔드는 고백이다. 그만큼 하나님께 모든 것을 걸고 살았기에, 그분이 아무 대답도 하지 않으실 때 마음은 더 크게 무너진다.

성경은 고난의 이유를 항상 즉각적으로 설명해 주지 않는다. 오히려 하나님은 그 과정을 통해 인격을 빚고, 믿음을 연단하신다. 하나님은 우리의 현실보다 우리의 중심을 더 중요하게 여기신다. 고난은 우리가 얼마나 믿음으로 그분을 붙드는지를 보여주는 시간이다.

그렇다고 이 시간을 무조건 견디라는 말은 아니다. 때로는 마음껏 울어야 한다. 낙심하고 좌절할 수 있다. 하지만 그 가운데서도 기억해야 할 단 한 가지는 있다. 하나님은 여전히 당신을 붙들고 계신다는 사실이다.

지금은 하나님이 아무 일도 하지 않으시는 것 같아도, 그분은 우리가 포기하지 않도록 일하고 계신다. 우리가 무너져 내리지 않도록, 우리의 중심이 흔들리지 않도록 그 자리를 지키고 계신다. 그러니 낙심이 찾아올 때는 먼저 자신이 왜 이 길을 선택했는지를 돌아보아야 한다.

그녀처럼 단순한 직업이 아니라 누군가에게 선한 영향을 주고 싶다는 마음으로 시작했다면 그 중심은 여전히 유효하다. 하나님은 그 중심을 아시고, 절대 외면하지 않으신다.

계속된 실패 속에서도 붙들어야 할 건 합격이라는 결과가 아니라, 하나님께서 내 삶을 인도하신다는 믿음이다. 시험에 실패한 것이지, 하나님의 계획에서 실패한 것이 아니다. 당신은 여전히 하나님의 손

안에 있고 그분은 당신의 삶을 절대 낭비하지 않으신다. 혹시 지금 "왜 저만 계속 실패하게 하세요"라고 하나님께 묻고 있다면, 이렇게 자신에게 말해 보자.

"하나님은 내가 견딜 수 없을 만큼의 무게는 주지 않으신다. 지금도 나를 연단하고 계시고, 반드시 이 시간을 통해 나를 더 깊은 자리로 이끄실 것이다"라고 말이다.

지금은 결과가 없어 보여도 이 시간은 절대 헛되지 않다. 하나님은 때때로 실패를 통해 방향을 수정하게 하시고, 실패를 통해 우리의 믿음을 단단하게 하신다. 눈에 보이는 성공보다 마음에 깊은 순종을 더 귀하게 여기시는 하나님. 그분을 신뢰하는 것이야말로, 고난 속에서도 흔들리지 않는 믿음의 힘이다.

"주님!
결과 앞에서도 흔들리지 않고, 과정에서도 주님을 바라볼 수 있는 믿음을 제 안에 세워주소서. 붙지 않아서 무너지는 것이 아니라, 주님을 놓쳐서 무너지지 않도록 제 마음을 지켜 주소서."

6 가정환경이 나를 짓누를 때

　그녀는 고등학교를 졸업하고 어렵게 대학에 진학했지만, 캠퍼스 생활은 그리 낭만적이지 않았다. 동기들이 새 옷을 사고, 취미생활을 즐길 때, 그녀는 아르바이트를 두 개나 뛰며 학비와 생활비를 감당하고 있었다.

　그녀의 가정 상황이 여유롭지 않았다. 아버지는 일찍이 일을 놓으셨고, 어머니 혼자 조그마한 가게를 운영하며 생계를 이어가고 있었다. 한 달 한 달 겨우 맞춰 가던 생활비는 대학 입학과 동시에 벼랑 끝으로 밀렸다. 그녀는 등록금을 대출로 내고, 교통비와 식비까지 벌기 위해 강의가 없는 시간마다 일터를 전전했다.

　문제는 시간이 갈수록 몸과 마음이 무너져 간다는 것이었다. 아르바이트가 끝나면 도서관에 앉아 책을 펴지만, 집중이 되지 않았다. 졸음과 피로 그리고 끝없이 밀려드는 '왜 나만 이렇게 살아야 하지'라는 질문이 마음을 짓눌렀다. 때때로 동기들이 여행을 간다고 할 때, 그녀는 핸드폰 화면만 조용히 내려놓았다. 함께 하지 못하는 게 아니라, 애초에 선택지가 없었다.
　어느날 친구들과 카페에 앉아 있는데, 한 친구가 다른 친구에게 "너는 집에서 등록금도 내주고 용돈도 나오니 부럽다"고 말하는 소리가 마음에 걸렸다.

그 말은 장난처럼 던져졌지만, 그녀는 웃을 수 없었다. 돌아가는 길에 이어폰을 꽂고 찬양을 들으면서도 마음은 무거웠다. '하나님, 저는 왜 이렇게 살아야하나요? 저는 뭘 그렇게 잘못한 걸까요?'라는 질문이 수없이 올라왔다.

고등학교 때는 하나님을 찬양하며 예배할 때마다 마음이 뜨거웠다. 그런데 지금은 예배당에 앉아 있어도 아무 느낌이 없었다. 기도해도 답이 없는 것 같았고, 성경을 펴도 문장이 머릿속에 들어오지 않았다. 무엇보다 서러운 건, 이렇게 힘든 삶이 고난이라기보다 '그냥 내 인생이 이런가 보다'라고 받아들여야 한다는 사실이었다.

그렇다고 신앙을 포기한 건 아니었다. 여전히 주일이면 교회에 갔다. 예배당에 앉아 찬양도 따라 불렀다. 하지만 마음 깊은 곳에선 작은 거리감이 느껴졌다. 하나님의 사랑을 믿고 싶은데, 일상이 너무 버거웠다. 더 이상 기대하지 않는 쪽이 마음이 편할 것 같다는 생각마저 들었다. 믿음은 있었지만, 그 믿음이 현실을 버티게 해 주지 않는 것 같았다.

가끔은 하나님을 향한 기도가 원망처럼 흘러나왔다. "하나님, 저 열심히 살고 있어요. 나름 정직하게 살려고 했어요. 그런데 왜 이렇게 외롭고 고단한 건가요. 왜 저희 가정은 늘 이렇게 힘든 가요"라고 말이다.

누구보다 간절했지만, 돌아오는 응답은 없었다. 기도하고 나면 잠시 위로는 되었지만, 다시 눈앞의 현실은 그대로였다. 그리고 그 현실이, 그녀의 신앙을 조금씩 갉아먹고 있었다.

사람들은 종종 고난이라고 하면 갑작스럽게 닥친 병이나 사고 같은 특별한 사건을 떠올린다. 하지만 누군가에게는 반복되는 현실이 고난이다. 당장 오늘을 어떻게 살아낼지, 돈이 얼마나 필요한지, 이번 달에 또 가족을 얼마큼 도와야 하는지를 매일 계산해야 하는 삶. 아무도 몰라주는 삶 속에서 속이 타들어 가는 고통. 그것이 진짜 고난일 수 있다.

하나님은 왜 이런 가정에서 태어나게 하셨을까? 왜 아무리 노력해도 도무지 상황은 바뀌지 않을까? 이런 질문은 현실을 외면하지 않고 살아가려는 신앙인들이라면 한 번쯤은 반드시 하게 된다. 하지만 중요한 건 그 질문이 아니라 그 질문 앞에서 내가 어떤 믿음의 태도를 지켜 낼 수 있는가이다.

가정환경은 내가 선택한 것이 아니다. 하지만 그 환경 속에서 어떤 태도로 살아갈 것인가는 내가 선택할 수 있다. 내가 자초한 고난이 아니라면, 이제는 '왜 나만 이렇게 살아야 하나'라는 질문으로 자신을 무너뜨릴 필요는 없다. 하나님은 형편 좋은 가정을 통해서만 일하지 않으신다. 오히려 부족하고 연약한 현실 속에서 역사하신다.

가정환경이 짐처럼 느껴질 때가 있다. 모든 선택이 제한되는 것 같고, 혼자만 애쓰는 것 같고, 누구 하나 내 마음을 이해해 주는 사람도 없어 보인다. 하지만 하나님은 그 모든 걸 알고 계신다. 당신의 기도, 당신의 눈물, 당신의 통장에 남은 마지막 금액까지도 하나님은 다 보고 계신다. 그리고 그 자리에서 당신의 중심을 다듬고 계신다.

하나님은 우리를 환경에서 꺼내 주시기도 하시지만, 때로는 그 환경 속에서 믿음을 지키게 하신다. 이유는 단 하나다. 우리가 세상의 기준이 아닌, 하나님의 기준으로 단단해지기를 원하시기 때문이다.

지금 당신이 감당하는 무게가 너무 버겁다면, 자신을 정죄하지 말자. 너무 오래 지탱했는데 아무도 몰라준다고 억울해하지 말자. 하나님은 모든 것을 보고 계신다. 그리고 당신의 오늘을 통해, 당신의 내일을 준비하고 계신다. 하나님은 아무 의미 없이 당신을 이 자리에 두신 것이 아니다. 이 자리를 통해 당신을 만들고 계신 것이다.

그러니 고개를 들자. 사람들은 몰라도 하나님은 아신다. 이 길이 끝이 아니다. 지금은 짓눌려 있는 것 같지만, 결국 그 짐조차도 하나님께서 들어 올리시는 날이 온다. 그때까지 낙심하지 말고, 오늘도 한 걸음씩 믿음으로 살아 내자. 하나님은 당신의 고난을 잊지 않으신다. 그 고난 속에 있는 당신을 외면하지 않으신다. 지금도 그 자리에서 일하고 계신다.

"주님!
환경이 버겁고 마음이 무거울 때도 낙심하지 않게 하소서. 하나님 앞에서 흔들리지 않는 믿음을 지킬 수 있도록 오늘도 제 걸음을 붙들어 주소서."

제 5 장

당신의 사명은 무엇인가요?

1. 나의 꿈, 하나님의 사명으로 바뀌다
2. 내가 잘하는 일이 곧 사명의 통로가 될 수 있다
3. 내가 품은 눈물이 사명이 될 수 있다
4. 두근거리는 마음. 사명의 시작이 되다
5. 우리는 모두 다 사명자다!

1 나의 꿈, 하나님의 사명으로 바뀌다

그녀는 중학생 때부터 방송 작가가 되고 싶었다. 드라마 대본을 따라 쓰고, 예능 대사를 받아적던 그 시절, 그녀의 눈에 작가는 세상을 움직이는 사람처럼 보였다. 직접 나오지 않아도 흐름을 바꾸고, 말 한 줄로 사람을 웃기고 울릴 수 있는 존재. 그녀는 그런 사람이 되고 싶었다. 고등학교에 올라가서도 꿈은 바뀌지 않았다. 입시 전형도 작문 특기자 전형으로 준비했고, 결국 대학 방송영상학과에 입학했다. 그녀는 또래보다 빨리 자신의 꿈을 확실히 정해놓은 사람 중 하나였다. 입학 후에도 틈만 나면 기획안을 쓰고 방송 제작 수업에선 누구보다 열정적으로 참여했다.

방학이 되자 방송국 인턴에 지원했다. 운 좋게 한 케이블 방송사에서 막내 작가로 단기 아르바이트를 시작할 기회를 얻게 되었다. 잡일이 대부분이었지만, 작가들과 PD들이 회의하는 자리에 함께 앉아 있는 것만으로도 벅찼다. 회의가 끝나고 버려진 촬영대본을 몰래 들고 와 읽어 보기도 했다. 그녀는 '나는 꼭 이 안에 들어가고 말 거야'라고 마음속으로 수백 번 다짐했다.

그렇게 3학년이 되었을 때, 그녀는 한 프로그램 제작진에 아르바이트 작가로 정식 투입되었다. 퇴근은 자정이 넘었고, 일주일에 한

번씩 대본을 바꾸는 날이면 밤을 새우는 것도 당연했다. 일정표 회의를 위해 새벽 로비에 모일 때면, 늘 커피 한 잔을 들고 멍한 눈으로 모니터를 응시했다. 일은 고됐지만, 꿈에 가까워지고 있다는 생각에 버틸 수 있었다.

그런데 그렇게 바빠질수록 이상하게도 마음속 공허함이 커졌다. 매주 편성표 안에서 프로그램을 만들고는 있었지만, 내가 뭘 위해 이 일을 하는지 점점 헷갈리기 시작했다. 처음엔 시청자에게 감동을 주고 싶다고 생각했지만, 현실은 조회 수, 시청률에 따라 흔들리는 콘텐츠였다. 자극적일수록 웃음을 끌어낼 수 있었고, 선정적일수록 조회 수는 치솟았다. 마음이 답답했다.

그 무렵, 그녀는 오랜만에 예배당에 나갔다. 그녀는 처음으로 진지하게 자신에게 물었다. 지금 이 자리가 단지 자신이 바라던 꿈을 이루는 자리에 불과한지, 아니면 하나님께서 자신을 세우시려는 자리인지를 돌아보았다.

방송 작가라는 꿈은 분명 오래전부터 간절했다. 그러나 어느 순간부터 그 꿈은 점점 방향을 잃고 있었다.

그날 이후 그녀는 기도하기 시작했다. 하나님께서 자신이 방송작가가 되는 것을 허락하셨다면 그 안에서 무엇을 하길 원하시는지 묻기 시작했다. 어떤 이야기를 써야 하고, 어떤 메시지를 전해야 하는지 하나님께 구했다.

막연하게만 느껴지던 질문이었지만, 기도를 통해 조금씩 중심이 바뀌기 시작했다. 예전엔 내가 성공하고 싶다는 마음이 컸다면, 이제는 내가 쓰는 글로 누군가 살아나면 좋겠다는 마음이 커졌다.

그녀의 이야기는 단지 작가를 꿈꾸는 한 청년의 여정만은 아니다. 많은 청년이 각자 마음속에 품은 꿈을 가지고 살아간다. 어떤 이는 무대 위에 서는 예술가가 되길 꿈꾸고, 어떤 이는 공기업이나 안정적인 직장을 향해 달려간다. 누군가는 자신의 열정을 기술로 녹여 내고 싶어 하고, 누군가는 세상 속 소외된 사람들을 위한 삶을 선택하기도 한다. 꿈은 우리 안에 있는 갈망이고, 하나님이 심어 주신 재능의 열매이기도 하다.

하지만 중요한 질문은 이것이다. 그 꿈이 나를 위한 것인지, 하나님을 위한 것인지이다. 사명은 단순한 목표가 아니라, 삶을 이끄는 기준이다. 내 인생이 어디를 향해 쓰여야 하는지에 대한 하나님의 뜻이다. 꿈은 출발점이 될 수 있다. 그러나 그 꿈이 하나님의 마음과 연결될 때 그것은 사명이 된다. 그리고 그 순간, 우리의 인생은 진짜 목적을 발견하게 된다.

방송 작가를 꿈꾸던 그녀의 여정도 그렇다. 처음엔 막연한 동경이 있었다. 사람들의 이목을 끄는 방송, 영향력 있는 프로그램. 재미있는 콘텐츠를 만들어내는 직업. 그 자체로 멋지고 충분히 의미 있었다. 그러나 그 꿈이 하나님 앞에서 다시 다듬어지면서 방향이 바뀌었다.

사람을 웃기고 울리는 것이 아니라, 사람의 삶에 진짜 위로와 진리를 전하는 도구가 되고 싶다는 갈망으로 바뀌었다. 단지 잘 만드는 사람이 아니라, 하나님의 마음을 전하는 사람이 되고 싶은 갈망이 생긴 것이다.

이것이 바로 꿈이 사명으로 바뀌는 과정이다. 하나님은 우리 모두에게 재능을 주셨다. 말하는 재능, 설계하는 재능, 분석하는 재능, 그리고 예술적 감각이나 기술적인 감각. 그러나 그것이 사명이 되려면, 하나님을 위한 자리에서 쓰여야 한다. 내가 잘해서가 아니라, 그 일을 통해 하나님이 드러나기 위해서 말이다. 그런 면에서 사명은 직업이 아니라 태도다. 선교사가 되지 않아도 사명자로 살 수 있다. 교회 안에서 일하지 않아도, 하나님 나라를 위해 살아갈 수 있다. 직장에서, 학교에서, 어디서든지 사명자는 자신의 위치에서 하나님을 드러내는 사람이다.

그래서 꿈이 사명으로 바뀌려면 반드시 거쳐야 하는 과정이 있다. 바로 하나님의 시선으로 나를 다시 보는 것이다. 내가 그 꿈을 꾼 이유가 무엇인지, 그 꿈의 끝이 누구를 향하고 있는지 다시 질문해야 한다. 그 과정에서 어떤 사람은 꿈을 내려놓기도 하고, 어떤 사람은 같은 꿈을 더욱 깊고 선명하게 붙들게 되기도 한다. 중요한 건 꿈을 이루는 것보다 사명을 따라 사는 것이 훨씬 더 값지고 강력한 인생이라는 점이다. 꿈은 나를 만족시키지만, 사명은 사람을 살리고 세상을 변화시킨다. 꿈은 성공으로 끝날 수 있지만, 사명은 하나님의 역사로 이어진다.

"주님!
제 안에 있는 꿈이 하나님의 사명으로 바뀌게 하소서. 나의 재능과 열정이 나를 위한 것이 아니라, 하나님의 뜻을 전하는 도구가 되게 하소서."

2 내가 잘하는 일이 곧 사명의 통로가 될 수 있다

어릴 때부터 그녀의 가정 형편은 넉넉하지 않았다. 친구들이 다니는 유명 학원은커녕, 참고서 하나도 살까 말까를 고민해야 했다. 엄마는 늘 미안하다고 말했다. 어릴 때는 잘 몰랐지만, 중학생이 되고 고등학생이 되면서 현실이 보였다. 같은 반 친구들은 선생님 말보다 학원 선생님 말을 더 중요하게 여겼고, 수업 중에 문제를 맞히면 이미 다 푼 문제라며 시큰둥했다.

그녀는 학교 수업만으로는 따라가기 벅찼고, 혼자서 문제를 풀다가 막히는 일이 반복됐다. 어떤 날은 말씀을 읽어보기도 했고, 교회에서 기도도 했지만, 마음속 깊은 불안은 쉽게 사라지지 않았다. 대학 진학이라는 목표 앞에서 자신감보다는 걱정이 많았다. 사람들은 노력하면 된다고 말했지만, 환경이라는 벽 앞에서 자신은 자주 무너졌다.

하나님께 묻고 또 물었다. 이 길 끝에 무엇이 있을지. 과연 내가 어디로 가게 될지를. 신앙이 흔들리진 않았지만, 하나님이 정말 나의 인생에 관심을 두고 계신 건지 불확실했다. 기도 중에 확실한 응답을 받은 적도 없었고, 마음은 늘 막막했다. 그래도 그녀는 하루하루 할 공부는 놓지 않았다. 일정표를 세우고, 단어를 외우고, 기출문제를 반복했다. 중요한 건 이해력보다 끈기였다.

'오늘은 오늘 것만' 그렇게 쌓아 올린 시간이 이어졌다. 성실이라는 단어는 평범해 보였지만, 그때 그녀에겐 거의 유일한 무기였다. 대학 입학 후에도 긴장은 계속되었다. 주변 사람들은 자연스럽게 수업을 따라가는 것처럼 보였고, 그녀는 여전히 노트를 정리하며 조용히 진도를 따라가고 있을 뿐이었다.

그러던 어느 날, 한 후배가 다가와 수업 내용이 너무 어렵다고 하소연했다. 그녀는 자신이 정리해 둔 노트를 꺼내 차근차근 설명해 주었다. 특별한 의도는 없었지만, 그날 후배는 설명을 듣고 훨씬 이해가 잘 되었다고 고마움을 전했다. 그 말은 그녀에게 결코 가볍게 들리지 않았다. 무심코 반복해 온 일이 누군가에게 실제 도움이 될 수 있음을 처음으로 실감한 순간이었다.

그날 이후 그녀는 자신이 오랜 시간 해 왔던 정리하고 설명하는 일이 단순한 습관이 아니었음을 깨닫게 되었다. 특별한 재능이라고 느껴본 적은 없었지만, 그 일만큼은 유독 자연스럽고, 누군가에게 유익하게 사용될 수 있는 일이었다. 그렇게 그녀는 교육이라는 길을 고민하기 시작했고, 지금은 교사가 되기 위해 준비 중이다.

그녀는 과거의 자신처럼 막막한 시간을 보내고 있는 아이들 곁에 서고 싶었다. 학원에 가지 못했던 시절, 혼자 문제를 붙잡고 울었던 밤을 기억했다. 이제는 그 어두운 시간이, 누군가의 길을 밝히는 빛이 되길 바랐다. 그녀는 다짐했다. 단지 지식을 전달하는 사람이 아니라, 한 사람의 가능성을 끝까지 믿어 주는 교사가 되겠다고 말이다.

사명은 꼭 갑자기 찾아오는 특별한 순간이나 감동적인 사건으로 시작되지 않는다. 오히려 우리가 늘 해오던 평범한 일 안에서 시작되는 경우가 더 많다. 내가 잘하고, 자주 하게 되고, 누군가에게 자주 부탁받는 일. 그 안에 하나님이 주신 사명의 힌트가 있을 수 있다. 우리는 보통 사명을 너무 어렵게 생각한다. 선교사나 목회자처럼 특별한 일을 해야 사명이라고 여긴다. 하지만 사명은 특정 직업에만 있는 게 아니다. 하나님은 각자에게 다른 재능과 기질을 주셨고, 그걸 통해 우리가 있는 자리에서 다른 사람을 섬기길 원하신다.

내가 잘하는 일이 있다면, 그건 하나님이 주신 재능일 수 있다. 그 일이 꼭 대단해 보이지 않아도 상관없다. 설명을 잘한다면 누군가를 이해하게 도울 수 있고 정리를 잘한다면 복잡한 상황을 정돈할 수 있다. 누군가의 말을 잘 들어 주는 사람은, 혼자 힘들어하는 사람 옆에 함께 있을 수 있다. 이런 작고 소박한 능력들도 하나님께 드려질 때 큰 사명이 된다. 사명은 다른 사람을 세우는 방향으로 나타난다.

하나님은 우리 능력을 통해 성공하라고 하시지 않는다. 오히려 그 능력으로 누군가를 돕고, 회복시키라고 하신다. 그래서 사명은 나를 드러내는 게 아니라, 다른 사람을 살리는 일과 연결된다.

많은 청년이 "나는 아직 준비가 안 됐어요. 잘하는 것도 없어요"라고 말한다.

하지만 하나님은 완벽한 사람을 찾지 않으신다. 지금 내가 할 수 있는 것을 가지고 순종하길 원하신다. 꼭 확신이 있어야만 시작할 수 있는 게 아니다. 하나님은 걸어가면서 확신을 주신다. 사명은 느끼는 것이 아니라, 반응하는 것이다. 사명이 멀리 있다고 생각하지 말자. 오늘 내가 잘하는 일을 하나님께 드릴 수 있다면, 그 자리에서 사명이 시작된다. 학교에서든, 직장에서든, 그 어떤 자리도 하나님이 사용하실 수 있다. 내가 가진 작고 평범한 능력조차, 하나님의 손에 붙들리면 누군가의 인생을 바꾸는 통로가 된다.

지금 내가 잘하고 있는 일이 있다면 멈추지 말고 계속 이어 가야 한다. 그 일이 누군가에게 실제적 도움이 되고 하나님께 영광이 된다면 그것이 바로 사명이다.

그러니 지금 멈춰서 고민만 하지 말자. 이미 하나님께서 당신 안에 심어두신 것이 있다면 그것을 믿음으로 사용하기 시작하자. 잘하는 일이 있다면 그것이 작게 느껴져도 멈추지 말고 이어가야 한다. 하나님은 지금도 그 능력을 통해 누군가를 살리고 싶어 하신다. 그러니 확신이 없다고 멈추지 말고, 완벽하지 않다고 포기하지 말자. 오늘 내가 가진 것을 하나님 앞에 드리고 그분의 부르심에 반응하며 순종하는 사람이 되자.

"주님!
지금 제 안에 있는 작고 평범한 재능도 주님께 드립니다. 이 재능이 누군가의 생명을 세우는 통로가 되게 하소서."

3 내가 품은 눈물이 사명이 될 수 있다

어린 시절, 그의 가정은 늘 불안정했다. 겉으로 보기엔 평범해 보였지만, 안으로 들어가면 사정은 달랐다. 그의 아버지는 알코올 중독이었다. 퇴근 후 늘 술에 취해 돌아왔고, 날이 좋지 않으면 고성이 오갔다. 어린 그는 늘 긴장 속에서 하루를 보냈다. 언제 또 큰소리가 날지, 유리컵이 깨지는 소리가 들릴지 몰라 눈치를 보며 잠들곤 했다.

가끔은 밤늦게 엄마가 울고 있는 소리를 들었다. 식탁 밑에서 숨어서 듣던 엄마의 흐느낌은 그의 마음속에 깊게 새겨졌다. 학교에선 친구들과 잘 지내려 애썼지만, 단 한 번도 친구를 집으로 초대해본 적이 없었다. 어릴 땐 그게 부끄럽고 창피했지만, 시간이 지나면서 그건 고통이었다. '왜 우리 집만 이럴까' 하는 질문이 그의 마음속에 자주 떠올랐다.

고등학생이 되었을 때 그는 처음으로 하나님께 눈물로 기도했다. 아버지가 왜 변하지 않는지, 왜 가족이 여전히 가난 속에서 살아야 하는지를 하나님께 호소했다. 눈물로 간절히 기도했지만 응답이 올 것이라는 확신은 없었다. 그의 어린 시절과 학창 시절은 아버지로 인한 눈물과 고통으로 가득 차 있었다.

대학 진학을 준비하던 시기, 그는 진로에 대한 고민이 깊어졌다. 좋아하는 것도, 잘하는 것도 딱히 떠오르지 않았다. 그저 남들처럼 진학하고 평범하게 살면 된다고 생각했다. 그러다 우연히 학교에서 진행하던 진로 설명회 중 하나에 참석하게 되었다.

그곳에서 가정상담과 심리학이라는 분야를 처음 접하게 되었다. 처음엔 생소했지만, 이상하게 낯설지 않았다. 다른 설명회에서는 흥미도 안 생겼는데, 그날은 유난히 집중되었다. 강의가 끝난 후에도 머릿속에 자꾸만 그 장면이 맴돌았다. 상처받은 사람들의 이야기를 들어주는 사람. 그 말이 어쩐지 자신에게도 어울릴 수 있다는 생각이 들었다. 그는 조용히 관련 학과를 검색했고, 커리큘럼을 살펴보며 자신의 마음이 조금씩 그쪽으로 기울고 있다는 걸 느꼈다. 몇 년이 지난 지금 그는 가정상담을 전공하며, 청소년 복지 분야로 진로를 준비하고 있다.

그는 여전히 완벽하지 않다. 아버지와의 관계가 완전히 회복된 것도 아니고, 가끔은 여전히 무력감을 느낀다. 하지만 분명한 건 있다. 과거의 그 눈물들이 절대 헛되지 않았다는 것이다. 지금 그는 누군가의 이야기를 듣고, 예전의 자신처럼 아파하는 이들을 위로하고자 한다. 그는 결심했다. 단지 상담자가 아닌, 상처를 품고 회복을 돕는 사람이 되기로 했다.

사명은 언제나 능력에서 시작되는 것은 아니다. 오히려 인생에서 겪은 가장 아픈 경험에서 시작되는 경우가 많다. 사람마다 각자 다르지만, 누구에게나 상처는 있다. 가정의 불화, 경제적인 어려움, 학창 시절의 따돌림, 실패와 거절 같은 경험은 쉽게 잊히지 않는다. 많은 청년이 그 시간을 무의미하게 느끼거나, 단지 지나간 시절로 여긴다. 그러나 하나님은 그런 시간을 사용하신다. 내가 가장 울었던 날들 속에서 하나님은 사명의 씨앗을 심으신다.

상처는 고통이지만 동시에 공감의 문을 연다. 같은 상처가 있는 사람 앞에서 우리는 말하지 않아도 마음을 나눌 수 있다. 누군가의 고통을 이해할 수 있는 이유는, 나 역시 그 고통을 겪어 봤기 때문이다. 이 공감은 단순한 감정의 동요가 아니다. 하나님이 주시는 위로의 능력이다. 그 능력은 때로 어떤 자격보다, 어떤 전문성보다 더 깊은 영향을 줄 수 있다. 사명을 감당하는 사람들은 완벽하지 않다. 여전히 상처가 남아 있다. 어떤 날은 흔들릴 수도 있다.

그러나 그 경험이 있으므로 같은 자리에 있는 사람들을 이해할 수 있고, 버티고 있는 이들을 붙들 수 있다. 아팠던 사람만이 아픈 사람 옆에 오래 머무를 수 있다. 도와야겠다는 사명감 이전에, 그냥 함께 있고 싶은 마음이 먼저 들기 때문이다.

하나님은 완전한 사람을 통해 일하시지 않는다. 오히려 상처 있는 사람을 부르시고, 그 상처를 통해 누군가를 회복시키는 통로로 삼으신다. 회복은 내가 다 끝냈기 때문에 주는 게 아니다. 지금도 치유 받는 과정 중에 있는 사람이, 아직도 울고 있는 사람 곁에 설 수 있는 것이다. 사명은 그런 자리에 서는 용기에서 시작된다.

청년 중 많은 사람이 말한다. 나는 아직 준비되지 않았다고. 상처가 너무 많다고 말이다. 그러나 하나님은 바로 그 상처 있는 사람을 사용하신다. 그 상처가 있기에 더 가까이 갈 수 있다. 더 오래 머물 수 있다. 상처가 있기에 들을 수 있고, 눈물이 있었기에 말을 아낄 수 있는 것이다. 지금껏 버티며 흘렸던 눈물은 결코 헛된 시간이 아니다. 하나님은 그것을 기억하시고 사명의 자리로 이끄신다. 지금 내가 겪은 그 아픔을 통해 누군가가 위로받을 수 있다면 그것이 바로 하나님께서 당신에게 주신 사명일 수 있다.

사명은 특별한 재능에서만 시작되지 않는다. 오히려 아팠던 자리에서 자란 공감이. 사명의 밑바탕이 된다. 사명은 내가 경험한 가장 깊은 눈물에서 시작된다. 그 눈물이 아직 마르지 않았다면 하나님이 그 눈물을 사용하실 준비를 하고 계신다는 뜻이다. 그러니 그 자리에서 멈추지 말고, 그 기억을 하나님 앞에 올려 드리자. 하나님은 그 시간을 통해 반드시 누군가를 살리는 사람으로 사용하실 것이다.

"주님!
제가 겪었던 모든 상처와 아픔이 헛되지 않도록 사용해 주세요. 그 기억이 누군가를 위로하는 사명이 되게 하시고, 오늘도 그 길을 담대히 걷게 해 주세요."

4 두근거리는 마음, 사명의 시작이 되다

그는 학창 시절 특별한 두각을 나타내지는 않았다. 수업을 열심히 듣고 친구들과 지내는 평범한 학생이었다. 그러나 그는 다른 점에서 사람들과 달랐다. 그가 가진 특별한 취미는 바로 영상 제작이었다. 어릴 적부터, 그는 자신이 좋아하는 것들을 영상으로 찍고 편집하는 것을 즐겼다. 친구들이랑 찍은 짧은 영상으로 웃음을 주기도 하고, 때로는 집에서 만든 영상을 가족들에게 보여 주곤 했다. 그가 만든 영상은 다소 엉성하고 부족했지만, 그에게는 그 자체가 즐거움이었다.

대학에 진학한 후, 그는 처음에 전혀 다른 전공을 택했다. 실용적인 분야에서 자신의 미래를 고민하며, 더 안정적이고 현실적인 길을 선택했다고 생각했다. 그러나 처음 선택한 전공에 대한 열정은 점점 식어갔다. 그가 진심으로 몰두했던 것은 여전히 영상 제작이었다. 강의를 들으면서도 틈틈이 영상 촬영을 하고, 집에 돌아가서는 영상을 편집하며 시간을 보냈다. 처음에는 그저 취미로 시작한 영상 제작이었지만, 점점 그 길이 더 중요하게 느껴지기 시작했다.

어느 날, 그는 SNS에 자신이 만든 영상을 올려 보았다. 그 영상은 그냥 일상적인 내용이었다. 그러나 예상보다 많은 사람이 그 영상을 보고 좋아했다. 댓글을 남기고, 공유하며 그 영상을 확산시키는 사람들도 있었다. 그 순간, 그는 자신이 좋아하는 일이 남들에게 유익을 줄 수 있다는 사실에 기쁨을 느꼈다. 예전에는 혼자서 찍고 편집하던 영상이 이제는 다른 사람들과 함께 공유되고 있다는 사실이 뿌듯했다.

특히, 교회 청년부에서 영상 제작을 맡게 되면서 그의 마음은 더욱 커졌다. 영상으로 하나님의 메시지를 전하고, 교회 활동을 기록하는 일을 하게 되었다. 그렇게 그는 영상 제작이 더 이상 취미에 머물지 않고 사람들에게 전달하고 싶은 메시지를 전하는 중요한 도구가 될 수 있다는 깨달음을 얻었다. 그러던 중, 그는 이 일을 더 진지하게 고민했다. 과제를 넘어 하나님의 영광을 위해 영상을 만들고, 누군가에게 유익과 감동을 줄 수 있는 일이라는 생각이 들었다. 영상 제작을 통해 사람들의 삶에 긍정적인 영향을 줄 수 있다는 믿음이 생겼고, 그것은 그에게 사명감을 안겨 주었다.

그의 마음속에서는 점차 하나님과 함께하는 영상 제작의 길이 열리고 있었다. 그는 자신이 좋아하는 이 일을 통해 하나님의 뜻을 어떻게 이룰 수 있을지 진지하게 고민했고, 하나님의 부르심에 응답하고 싶다는 마음이 생겼다. 이제 영상은 단순한 취미가 아니었다. 그는 그것을 통해 사람들에게 선한 영향을 끼치며 살아가고자 다짐했다. 많은 청년이 사명을 찾는 과정에서 깊은 고민을 겪는다. 무엇을 해야 할지 알지 못해 방황하기도 한다.

하지만 사명은 거창하거나 대단한 것에서 시작되는 것이 아니다. 사실, 사명은 내가 좋아하고 열정을 가지고 있는 일에서 시작된다. 내가 두근거리며 즐길 수 있는 일이 하나님께 드려지는 순간, 그것이 바로 사명이 된다.

사명은 두근거리는 마음에서 시작된다. 내가 좋아하는 일이 있다면, 그 일은 하나님께 드려지는 사명의 통로가 될 수 있다. 예를 들어, 영상 제작을 좋아하는 청년은 그 일을 통해 사람들에게 하나님의 메시지를 전달할 수 있다. 그가 만든 영상은 단순한 취미 활동을 넘어, 하나님의 영광을 나타내는 도구가 된다. 이것이 바로 사명이 되는 과정이다.

하지만 우리가 알아야 할 사실은, 좋아한다고 해서 곧바로 사명이 되는 것은 아니라는 것이다. 좋아하는 일을 하나님을 위해 사용하려면 그 일에 최선을 다해야 한다. 사명을 위해서는 아마추어 수준을 넘어 전문성을 갖추어야 한다. 예를 들어, 영상 제작을 좋아한다고 해도 그저 간단한 편집이나 촬영을 하는 것만으로는 사명이 될 수 없다.

그 일을 하나님께 드리기 위해서는 지속적인 노력이 필요하다. 기술을 연마하고, 사람들의 마음을 움직일 수 있는 콘텐츠를 만들어야 한다. 좋아하는 일에 머무르는 것이 아니라, 그 일을 통해 사람들의 삶에 영향을 미칠 수 있는 수준으로 성장해야 한다. 하나님은 우리가 최선을 다할 때, 그 일을 통해 사명을 이루어 가시기 때문이다.

사명은 내가 좋아하는 일을 즐기는 것으로 끝나는 것이 아니다. 내가 좋아하는 일을 하나님께 드리기 위해서는 헌신과 책임감이 필요하다. 내가 만드는 영상, 내가 하는 일이 그저 재미있고 즐겁기만 해서 끝나는 것이 아니라, 하나님을 위한 도구로써 사람들에게 진정한 영향을 미칠 수 있도록 최선을 다해야 한다. 그 일에서 내가 얼마나 진지하게, 얼마나 헌신적으로 노력하느냐가 사명의 핵심이다.

결국, 우리가 사명을 찾는 과정에서 중요한 것은 내가 좋아하는 일을 하나님께 어떻게 드릴 수 있을지를 고민하는 것이다. 그 일이 세상에서 인정받는 일이든, 하나님께 드리는 일이든 상관없다. 내가 그 일을 통해 사람들에게 영향력을 미치고, 그 영향을 하나님을 위한 것으로 바꿀 수 있다면, 그 일이 바로 사명이 된다.

오늘 내가 두근거림을 느끼는 그 일이 있다면, 그것이 바로 하나님께 드릴 수 있는 사명이 될 수 있다. 하지만 그 일을 최선을 다해 준비하고, 꾸준히 발전시키는 것이 중요하다. 아무리 좋아하는 일이더라도, 그 일을 하나님의 영광을 위해 사용하고자 한다면, 그 일에 대한 책임감과 헌신이 필요하다. 내가 좋아하는 일이 사람들의 삶에 영향을 미칠 때, 그 일이 바로 하나님께 드려지는 사명이 된다.

"주님!

제가 두근거림을 느끼는 이 일로 하나님께 영광을 돌리게 해 주세요. 저의 열정을 하나님을 위한 사명으로 바꾸어 주시고, 이 일을 통해 사람들에게 진정한 영향을 미칠 수 있도록 도와주세요."

5 우리는 모두 다 사명자다!

그녀는 처음부터 간호사를 해야겠다고 생각한 적은 없었다. 딱히 뭘 하고 싶은지도 몰랐고, 특별히 관심 있는 분야도 없었다. 진로를 정해야 할 시점이 되자, 주변에서 간호학과를 많이 추천했다. 취업 잘 되고, 자격증만 따면 어디든 일할 수 있고, 안정적이라는 말이 많았다. 그래서 그녀는 별다른 고민 없이 간호학과로 진로를 정했다. 감사하게도 간호학과에 입학할 수 있었고, 공부도 성실히 했다. 과제 하랴, 실습하랴 벅찰 때도 있었지만, 남들처럼 묵묵히 버텼다. 간호사 국가고시도 무사히 통과했고, 졸업 후엔 서울의 한 대학병원에 취직했다. 첫 발령지는 응급실이었다.

처음 병원에 들어가기 전에는 교육받은 설명서대로 열심히 일하면 될 거라 생각했다. 그런데 현실은 달랐다. 하루하루가 예외 상황이었고, 매 순간이 위기였다. 설명서가 있어도 그대로 되지 않는 일이 훨씬 많았다. 환자의 상태는 늘 바뀌었고, 의사는 다급했다. 하루가 어떻게 지나가는지도 몰랐다. 정신없이 뛰어다니다 보면 어느새 근무시간이 끝나 있었다.

그렇게 1년이 지나고, 2년이 흘렀다. 이제는 업무도 익숙해졌고, 매 순간 당황하지 않을 자신도 생겼다. 나름 보람도 느끼고 있었다.

그런데 그녀가 직장에서 완전히 달라지는 계기가 있었다. 교회 청년부에서 양육을 받던 중이었다. 어느 날, 목사님이 말했다.

> 사명자는 강단에만 있는 게 아니야. 직장에서, 학교에서, 가정에서 하나님이 부르신 자리에서 그 역할을 감당하는 사람이 다 사명자야.

그녀는 그 말을 듣고 깜짝 놀랐다. 지금까지 그녀는 사명자란 교회에서 앞에 서는 사람들, 즉 설교자나, 찬양 인도자처럼 특별한 일을 감당하는 사람만을 뜻한다고 생각해왔다. 그런데 그날 처음으로 들은 이 말이, 계속해서 머릿속을 맴돌았다.

내가 있는 병원에서도 사명자로서 살아가야 한다는 사실을 깨달은 그때부터 그녀는 병원을 다르게 보기 시작했다. 단지 월급을 받기 위해 출근하는 곳이 아니라, 하나님이 자신을 세우신 자리라고 생각했다. 그러자 병원에서 일하는 마음가짐도 완전히 달라졌다. 그녀는 환자 한 사람 한 사람을 진심으로 대하려고 노력했다. 말 한마디, 손길 하나에도 정성을 담으려 했다.

누구에게는 수많은 환자 중 하나일 수 있지만, 그 사람에게는 단 한 번뿐인 하루라는 걸 기억하며 대하려고 했다. 병원은 여전히 바빴고, 실수할까 봐 긴장되는 순간도 많았지만, 그녀는 알고 있었다. 자신이 지금 이 자리에 있다는 것 자체가, 하나님이 맡기신 일을 살아내고 있다는 증거라는 걸.

그렇다면 사명자는 어떤 사람일까? 말 그대로 사명을 받은 사람이다. 사명은 내가 스스로 정한 계획이 아니라, 누군가가 나에게 맡긴 일이다. 그리고 그 누군가는 바로 하나님이시다. 사명자는 하나님으로부터 맡겨진 일을 안고 살아가는 사람이다. 그래서 사명자는 자기가 어디에 있든, 어떤 일을 하든, 그 자리가 하나님이 주신 자리라고 믿고 살아가는 사람이다.

많은 청년이 사명자를 교회 안에만 있는 사람이라고 생각한다. 목회자, 선교사, 찬양팀 리더, 임원, 순장 같은 역할이 바로 떠오른다. 물론, 그 일도 사명이다. 하지만 사명자가 거기서 끝나면, 대부분 사람은 사명 없는 삶을 살게 된다. 하나님은 그렇게 일하지 않으신다. 하나님은 삶의 자리에서 사명자를 세우신다. 누군가는 병원에서, 누군가는 사무실에서, 누군가는 현장에서 하나님이 보내신 자리에서 살아간다.

자기 자리를 우연으로 여기지 않는 사람. 지금의 삶을 생존이 아니라 소명으로 받아들이는 사람. 내가 지금 서 있는 그곳이 하나님이 원하신 자리라는 걸 기억하는 사람. 그게 사명자의 정체성이다. 사명자는 거창한 결과를 내는 사람이 아니다. 오히려 사명자는 무너질 수밖에 없는 현실 속에서 자리를 지키는 사람이다. 끝내 포기하지 않고, 오늘 하루를 믿음으로 살아 내는 사람이다.

그래서 사명자는 겉으로 드러나는 위치보다, 그 자리를 대하는 태도가 훨씬 중요하다. 같은 직장에서 똑같은 일을 해도, 사명자는 그 일을 하나님께 드리는 섬김으로 여긴다. 같은 학교, 같은 수업을 들어도 사명자는 그 시간 속에서 하나님이 자기를 다듬고 계신다는 걸 안다. 그래서 사명자는 조급하지 않다. 이 일이 언제 끝나느냐보다, 지금 이 일을 어떻게 감당하느냐에 더 집중한다. 사명자는 자기 실력을 믿고 사는 사람이 아니다. 자신의 계획이나 계산을 따라 움직이지 않는다.

그보다 더 중요한 기준이 있다. 하나님이 이 길을 기뻐하실까? 그 질문을 던지며 하루를 살아간다. 그래서 사명자는 자기 진로와 미래를 계획할 때에도 더 나은 조건, 더 좋은 환경만을 좇지 않는다. 그 선택이 하나님 앞에서 정직한 것인지, 그 길에서 하나님이 함께할 것인지를 먼저 묻는다.

그렇다고 사명자가 늘 뭔가 대단한 결정을 내리는 것도 아니다. 대부분 작은 선택이고, 사소한 판단이다. 그러나 그 모든 순간을 하나님과 연결하려는 태도, 그게 사명자의 일상이다. 사명자의 특징 중 하나는 주어진 현실을 쉽게 피하지 않는다는 점이다. 힘들다고 가볍게 그만두지 않고, 불편하다고 금방 다른 길로 도망치지 않는다. 물론, 때로는 이동해야 할 때도 있다. 그러나 사명자는 도망이 아니라 인도하심 속에서 움직인다.

자기가 감당해야 할 몫이 있다는 걸 알고, 그걸 미루지 않고 오늘 감당해 내려 애쓴다. 그래서 사명자는 남들보다 느려 보여도, 흔들리지 않는다. 사명자는 실수할 수 있다. 지칠 수도 있고, 내려놓고 싶을 때도 있다. 그럴 때 완전히 포기하는 게 아니라, 다시 하나님 앞에 물으며 자리를 지켜낸다. 때로는 한 걸음 물러서며 다시 마음을 다잡기도 한다. 사명자는 쓰러지지 않는 사람이 아니라, 쓰러져도 다시 일어나는 사람이다.

사명자의 삶에는 결과보다 과정이 더 중요하다. 세상이 원하는 성과가 없더라도 하나님이 기억하신다면 그걸로 충분하다. 하나님이 인정하시는 삶을 목표로 삼기 때문이다. 사명자는 비교하지 않는다. 남들이 뭘 이루었는지가 아니라, 자신이 오늘 하루를 어떻게 살아냈는지를 돌아본다.

그래서 다른 사람보다 못나 보일 수 있지만, 하나님 앞에서는 가장 귀한 길을 걷고 있는 사람이다. 하나님은 그런 사명자들을 통해 일하신다. 조용히, 묵묵히, 그러나 믿음으로 버티는 그 사람들을 통해 세상 속에 하나님의 뜻을 세워 가신다. 그래서 사명자는 절대 작지 않다. 작은 자리에서 크신 하나님을 드러내는 사람. 그게 바로 사명자다.

"주님!

제 삶의 목적과 사명을 분명히 알게 하시고, 그 길에서 흔들리지 않게 하소서. 사람의 기대가 아니라 하나님의 부르심을 따라 오늘도 담대히 걸어가게 하소서."

제 6 장

크리스천 청년,
연애, 결혼
어떻게 해야 하나요?

1. 연애 이전에, 나는 먼저 크리스천입니다
2. 결혼을 전제로 하지 않는 연애는 위험합니다
3. 믿지 않는 사람과 연애해도 괜찮을까요?
4. 순결은 구식이 아니라, 믿음의 선택입니다
5. 건강한 스킨십의 기준은 어디까지일까요?
6. 나한테 맞는 사람을 찾기보다, 함께 맞춰가는 사람을 만나야 합니다

1 연애 이전에, 나는 먼저 크리스천입니다

누구나 하나쯤은 특별한 호칭을 가지고 있다. 운동을 좋아하는 사람은 "헬창"이란 별명을, 맛집 탐방이 취미인 사람은 "미식가"라는 소리를 듣기도 한다. 누군가는 직장에서 과장이라는 호칭으로 불리기도 하고, 누군가는 학교에서 선배라는 이름으로 불리기도 한다. 각자 살아가는 자리에서 다양한 호칭들이 붙는다. 어떤 호칭은 잠깐이고, 어떤 호칭은 오랫동안 나를 따라 다닌다.

나는 목사다. 이 호칭 하나로 사람들의 시선이 달라진다. 어떤 자리에서는 지나치게 조심스러운 눈빛을 받고, 어떤 자리에서는 갑자기 신앙 상담을 요청받기도 한다. 그리고 가끔은 목사라는 호칭 때문에 나를 있는 그대로 보지 않고, 일정한 이미지로만 대하는 사람들도 있다. 이 호칭이 주는 무게와 기대는 가볍지 않다. 하지만 분명한 건, 이 호칭은 내가 이 땅에서 살아가는 동안 꽤 오랫동안 따라다닐 이름이 될 거라는 점이다.

그런데 이 호칭보다 더 오래되고, 더 본질적으로 나를 설명하는 이름이 있다. 바로 "크리스천"이다. 크리스천이라는 말은 우리가 교회에서만 쓰는 용어가 아니다. 크리스천은 단지 교회에 다니는 사람을 의미하지 않는다. 예수 그리스도를 믿고, 그분을 주인으로 고백하며 살아가는 사람. 그것이 바로 크리스천의 본래 의미다. 다시 말해, 크리스천은 단순히 종교 활동에 참여하는 사람을 넘어, 예수님을 삶의 중심에 두고 살아가려는 존재를 가리킨다.

그런데 우리는 때때로 이 크리스천이라는 이름을 일요일 아침, 교회 예배당 안에서만 사용하는 것처럼 살아간다. 예배 시간에는 하나님을 부르고, 찬양을 따라 부르지만, 정작 일상으로 돌아가면 예수님은 어느새 뒷전으로 밀려난다. 직장에서, 학교에서, 연인과 데이트할 때는 내가 크리스천이라는 사실을 굳이 드러내지 않는다. 꼭 숨기려는 건 아니지만, 드러낼 이유도 없다고 여긴다. 그렇게 우리의 삶은 예배와 현실이 나뉘고 믿음과 삶이 따로 분리된다.

그러나 진짜 크리스천은 예배당 안에서만 존재하는 사람이 아니다. 예수님은 교회 안에서만 주인이 아니시다. 당신이 지하철을 탈 때도, 친구들과 밥을 먹을 때도, 좋아하는 사람과 연애를 시작할 때도 그분은 여전히 당신의 주인이시다. 당신이 어디에 있든, 무슨 옷을 입고 있든 당신의 이름 앞에는 여전히 크리스천이라는 정체성이 붙는다. 그 이름은 절대 지워지지 않는다.

그래서 우리는 연애를 시작할 때, 가장 먼저 물어야 한다. "나는 지금, 크리스천으로서 이 연애 관계를 시작하고 있는가"라고 말이다. 연애라는 건 너무 개인적인 일 같고, 신앙과 별개의 세계처럼 느껴질 수 있다. "마음이 끌려서 시작한 거고, 신앙은 내 내면의 일이지"라고 말하며, 관계 안에서 신앙은 뒤로 밀려나기 쉽다. 하지만 우리가 잊지 말아야 할 진실이 하나 있다. 연애할 때도, 우리는 여전히 예수님과 동행 중이라는 사실이다.

크리스천이 연애를 시작한다는 건, 외롭지 않기 위해 누군가와 시간을 보내는 것이 아니다. 그것은 예수님을 내 삶의 주인으로 고백한 사람이, 그 고백을 연애라는 관계 안에서도 실제로 살아 내는 도전이다. 다시 말하면, 내가 지금 만나는 그 사람과의 관계 안에서도 예수님이 중심이 되는가, 내가 그분 앞에 부끄럽지 않은 선택을 하고 있는가를 점검하며 살아야 한다는 것이다.

하나님은 사람을 지으실 때 관계 안에서 살아가도록 설계하셨다. 그래서 사랑하고, 사랑받고 싶은 욕구는 결코 잘못된 것이 아니다. 문제는 그 사랑의 기준이 누구에게 있느냐는 것이다.

내 감정에만 있는가? 아니면 세상이 제시하는 로맨틱한 기준에 있는가? 아니면 하나님이 기뻐하시는 사랑인가?

세상은 "나만 행복하면 돼. 지금 사랑하는 이 순간이 전부야"라고 말한다.

하지만 크리스천은 다르다. 크리스천의 연애 목적은 단순한 행복에 있지 않다. 하나님 앞에서 바르게 사랑하고, 그 사람을 존귀하게 대하며, 결국은 하나님이 기뻐하시는 관계를 맺는 것이 진짜 목적이라는 걸 안다. 그리고 그 길은 절대 쉽지 않다.

왜냐하면, 진짜 사랑은 감정이 아니라 선택이기 때문이다. 감정은 언제든 흔들린다. 마음은 시시때때로 변한다. 그러나 하나님이 주신 사랑의 기준은 변하지 않는다. 그 기준을 따라가는 것이 진짜 믿음이고, 진짜 사랑이다.

그렇다면 우리는 어떻게 연애 속에서 크리스천으로 살아갈 수 있을까?

첫째, 내가 먼저 예수님의 관계 안에 살아 있어야 한다. 그 관계가 흐려져 있다면, 어떤 연애도 결국 나를 더 외롭게 만들 뿐이다. 예수님과의 관계가 중심에 있다면, 연애 속에서도 기준이 흔들리지 않는다.

둘째, 연애 속에서도 "하나님이 기뻐하실까"라는 질문을 항상 멈추지 않아야 한다. 기도 없이 시작된 관계는, 기도 없이 끝나기 마련이다. 하나님의 뜻을 묻지 않고 선택한 사랑은, 결국 나를 더 혼란스럽게 만든다. 우리는 연애에 앞서 "나는 연애하기 이전에, 먼저 크리스천입니다"라고 고백할 수 있어야 한다. 그런 고백이 분명할 때 우리의 연애는 믿음의 걸음이 된다.

하나님은 당신이 외롭지 않기를 원하신다. 그러나 더 중요하게는 당신이 하나님을 잊지 않기를 원하신다. 연애할 때 가장 먼저 점검해야 할 건 외모도, 조건도 아니다. 내가 지금 하나님과 어떤 관계에 있는지가 가장 중요하다. 그러니 다시 묻자. 당신은 지금 크리스천으로 연애하고 있는가? 만약 그렇지 않다면, 지금 돌아가자. 지금이라도 예수님 앞에 무릎 꿇고, 다시 사랑을 정돈하자. 예수님이 중심이 되지 않은 연애는 결국 중심을 잃는다. 그러나 예수님을 중심에 모신 연애는 어떤 흔들림 속에서도 다시 돌아올 방향이 있다. 그리고 그 방향을 따라가는 사람은 결국 진짜 사랑을 만나게 된다.

"주님!
제가 누구와 함께하든지, 어떤 관계를 시작하든지 간에 먼저 주님과의 관계가 흔들리지 않게 하소서. 연애보다 먼저, 크리스천으로 살아가게 하소서."

2 결혼을 전제로 하지 않는 연애는 위험합니다

요즘 연애를 두고 사람들은 "많이 만나봐야 내 이상형을 알 수 있어"라고 말한다. 또 어떤 이는 "연애는 연애고, 결혼은 결혼이야. 너무 진지하게 굴지 마"라고 조언한다.

그 말이 그럴듯하게 들릴 수 있다. 왜냐하면, 요즘 세상은 그만큼 가벼움이 미덕인 것처럼 말하니까. 연애를 무겁게 생각하면 오히려 손해 본다는 분위기가 은근히 있다. 마치 너무 신중하면 요즘 시대 감성에 뒤처지는 사람처럼 여겨진다.

그래서일까? 요즘 청년들의 연애는 자주 시작되고 자주 끝난다. "일단 만나보는 거야"라며 쉽게 시작하고, "사귀다가 아니면 헤어지면 되지"라며 쉽게 끝내버린다.

그러다 보니 만나는 횟수는 늘어나는데, 관계의 깊이는 점점 얕아져 간다. 관계가 진지해지기 전에 먼저 물러나고 마음이 깊어지기 전에 먼저 떠난다. 어느 순간부터 연애는 상대의 존재를 알아 가는 과정이 아니라 내 기준에 맞는지를 판단하는 시간이 되어 버렸다.

그런데 이게 정말 건강한 방식일까? 누군가를 사랑한다는 건, 조건을 따지는 게 아니라 마음을 나누는 일이어야 하지 않을까? 그런데 언제부터인가 우리는 사랑조차도 체험판으로 여기고 있지는 않은가? 여기서 한 가지 중요한 질문을 던져야 한다. 나는 지금 어떤 태도로 누군가를 만나고 있는지 말이다.

그 관계가 오래가든 끝나든, 지금 이 순간 진심으로 마주하고 있느냐는 것이다. 크리스천의 연애는 세상의 연애와는 달라야 한다. 왜냐하면, 우리 인생에 우연이란 게 없다고 믿기 때문이다. 하나님께서 우리의 삶을 이끄신다고 믿는다면 만남에도 분명히 하나님의 뜻이 있는 법이다. 그렇다면 만남은 가볍게 시작해서는 안 된다. 연애는 단지 감정의 소모가 아니라, 하나님 앞에서의 진지한 선택이 되어야 한다. 그래서 나는 말하고 싶다.

결혼을 전제로 하지 않는 연애는 위험합니다.

그렇다고 이 말은 "사귀면 꼭 결혼해야 한다"라는 율법적 메시지가 아니다. 오히려 그 반대다. 연애를 시작할 때부터, 그만큼 진지하게 상대를 바라보라는 말이다. 결혼이 될지 안 될지는 모르지만, 이 사람이 하나님이 허락하신 사람일 수 있다는 전제로 연애를 시작해야 한다는 것이다.

물론 사람들은 "그러다 헤어지면 어떡해요.", "연애는 결혼 전제면 너무 무겁잖아요"라고 말할 수도 있다.

하지만 나는 이렇게 묻고 싶다. 그럼 가볍게 만나는 건 안전한가? 그저 외로워서, 심심해서 사귀는 게 더 나은가? 결혼이 목적이 아니면, 연애는 종종 관계보다 감정을 중심으로 흘러간다. 감정은 뜨거울 땐 빠르게 치솟지만, 식을 땐 너무도 쉽게 사라진다. 그래서 그 관계 안에서 상처만 남는 경우가 얼마나 많은가.

크리스천이라면, 연애도 신앙으로 해야 한다. 신앙으로 연애한다는 건, 단순히 상대방이 교회 다닌다는 걸 확인하는 차원이 아니다. 그보다 더 중요한 건, 내가 지금 이 관계를 어떻게 바라보고 있느냐는 것이다.

나는 이 사람을 단순한 연인이 아니라 하나님이 내게 보내신 존귀한 사람으로 대하고 있는가? 이 질문이 없다면 연애는 신앙에서 멀어지기 시작하는 것이다.

사람은 사랑받을 때 자라난다. 누군가에게 진심으로 존중받고, 소중히 여김을 받을 때 자기 가치를 다시 확인하게 된다. 하지만 반대로, 누군가의 호기심이나 외로움을 채우기 위한 연애 안에 놓이게 되면 그 사람은 헛되게 끝나 버린다. 진지함 없는 연애는 소중히 여김 없이 흐르고, 소중히 여김이 없는 연애는 결국 마음에 깊은 상처를 남긴다.

우리는 그 상처의 무게를 너무 가볍게 여기고 있다. "헤어졌는데 뭐 어때?", "사람은 만나보고 경험하면서 크는 거지"라는 말들이 멋있어 보일 수 있지만, 사실은 너무 위험한 말이다.

하나님께서 우리를 어떤 존재로 만드셨는가? 당신은 결코 쉽게 버려질 존재가 아니다. 예수님의 생명 값을 지급하고 구원하신 사랑이다. 그런 당신이 사랑이라는 이름으로 또 하나의 가벼운 실험대상이 되어서는 안 된다.

크리스천에게 있어서 연애는 결혼을 위한 연습이 아니라 사랑을 어떻게 성숙하게 감당할 수 있을지를 배우는 과정이다. 결혼을 전제로 연애하라는 말은 무조건 결혼하라는 말이 아니다. 오히려 결혼까지 갈 수 없는 관계라면, 처음부터 상대를 너무 쉽게 대하지 말라는 것이다. 당신이 만나는 사람도, 하나님 앞에서 존귀한 존재이기 때문이다.

그렇기에 당신의 한마디, 행동하나, 그리고 연애의 방향은 그 사람의 마음에 오랫동안 남는다. 만남의 끝이 이별일 수는 있지만, 그 안에서 당신이 신실했다면, 하나님은 그 관계 속에서도 반드시 당신을 연단시키고 성장하게 하신다. 그러니 지금 당신이 누군가를 만나고 있다면, 다시 질문하자. 나는 이 사람을 결혼을 전제로, 진심을 다해 존경하고 있는가로 말이다.

마지막으로 이것만은 꼭 기억하자. 결혼을 전제로 한 연애는 정답이라기보다 태도다. 그 태도 안에는 상대방을 귀히 여기고, 하나님의 뜻을 묻는 것이다. 그리고 그런 연애 안에서 우리는 서로를 더욱 깊이 사랑하고 하나님을 더 가까이 만나는 은혜를 누리게 된다. 때로는 외로움이 나를 흔들리게 만들고, 내가 너무 늦은 건 아닌지 불안해질 수도 있다. 하지만 믿어야 한다. 하나님은 좋은 만남을 예비하신다. 그리고 그 만남을 위해 지금 나를 준비시키고 계신다.

그래서 우리는 서두르지 않아야 한다. 가볍게 판단하지 않아야 한다. 하나님이 예비하신 만남은, 내 인생의 방향을 바꾸는 축복이 되기 때문이다. 그 축복 앞에 설 수 있도록, 지금 이 시간을 거룩하게 준비하자.

> "주님!
> 제 안의 가벼움을 버리게 하소서. 연애가 시작되기 전부터, 그 사람을 귀하게 여기고, 주님의 뜻을 구하는 신실함이 제 안에 흐르게 하소서."

3 믿지 않는 사람과 연애해도 괜찮을까요?

요즘 청년들 사이에서 자주 오가는 말 중 하나가 있다. "사람이 괜찮으면 됐지, 꼭 크리스천이어야 해"라는 말이다.

이 말 정말 많이 듣는다. 상대가 예의 바르고, 성실하고, 배려심이 깊고, 심지어 나보다 더 착해 보이기까지 한다면, 종교가 조금 다르다는 이유 하나만으로 관계를 막는 건 너무 아깝게 느껴진다. 더군다나 요즘처럼 결혼 자체를 늦게 생각하는 시대에는, 연애 자체를 가볍게 여기는 분위기 속에서 신앙을 기준으로 삼는 일이 점점 희미해지고 있다.

그런 분위기 속에서 청년들은 조심스럽게 "정말 믿지 않는 사람과는 연애하면 안 되나요"라고 묻는다. 이 질문은 청년 사역을 하다 보면 정말 자주 듣는 질문 중 하나다.

그냥 단호하게 "안 돼요"라고만 하면 듣는 사람도, 말하는 사람도 불편해진다. 그래서 우리는 좀 더 깊이 이야기해야 한다. 정말 왜 안 되는지, 왜 그게 중요한지를 말해줘야 한다.

믿음은 단순한 종교 생활이 아니다. 주일에 교회 나가고, 성경 한 장 읽고, 찬양 몇 곡 따라 부르는 거로 끝나지 않는다. 믿음은 가치관을 결정하고, 인생의 우선순위를 정하며 더 나아가 삶 전체의 방향을 바꾸는 힘이다. 그러니까 "나는 하나님을 믿는다"라고 고백하는 순간, 우리는 세상과는 다른 기준으로 살아가야 한다.

 연애도 마찬가지다. 연애는 단순한 취미가 아니다. 마음을 나누는 일이고, 삶을 함께 공유하는 훈련이며, 결국은 결혼이라는 인생의 중대한 선택으로 이어지는 통로다. 그렇다면 이 중요한 관계를 시작할 때, 기준이 있어야 하지 않겠는가? 그리고 크리스천에게 있어서 그 기준은 당연히 믿음이어야 한다.

 믿지 않는 사람과 연애를 하면, 초반에는 큰 문제가 없어 보일 수 있다. 같이 영화 보고, 맛있는 거 먹고, 데이트도 한다. 그런데 그 관계가 깊어질수록 반드시 드러나는 게 있다. 바로 가치관의 차이다. 믿음이 다르면 인생의 방향이 다르다. 말은 통하지만 삶은 어긋나기 시작한다. 예를 들어보자. 주일 아침, 나는 예배를 드리러 교회에 가고 싶다.
 하지만 상대는 그런 나를 이해하지 못한다. "왜 꼭 일요일마다 교회 가야 해"라고 묻는다. 그리고 크리스마스나 부활절에도 함께 교회 가는 것을 꺼린다. 새벽기도를 나가는 이유를 설명해도, 그에겐 그저 이해할 수 없는 모습처럼 보일 뿐이다.
 서로 다른 신앙은 결국 충돌하게 되어 있다. 아이를 낳으면 어떻게 키울 것인가? 어떤 기준으로 재정을 사용할 것인가? 등등. 이 모든 중요한 결정 앞에서, 두 사람은 근본적으로 다른 생각을 하게 된다. 신앙은 단순한 생활 습관이 아니다. 그것은 내 삶의 중심이고 내가 누구인지를 설명해 주는 정체성이다. 그런데 이 정체성을 공유하지 않는 사람과 평생을 함께 걸어간다는 건, 감정으로만 해결될 문제가 아니다.

그럼 누군가는 "제가 만나서 교회 데려가서 믿게 하면 되는 거 아닌가요"라고 말한다.

물론, 하나님께서는 놀라운 방식으로 일하신다. 연애를 통해 복음이 전해지는 경우도 간혹 있다. 하지만 그것이 일반적인 방식은 아니다. 오히려 대부분은, 처음에 함께 교회를 다니다가도 시간이 지나면 멀어지고, 결국엔 신앙까지 놓치는 경우가 훨씬 더 많다.

전도는 선교적 목적이지, 연애의 도구가 아니다. 연애는 복음 전도의 통로가 아니라, 복음 위에 세워져야 할 관계다. 누군가를 전도하려면, 기도하며 마음을 다해 말씀을 전하면 된다. 그게 안 되니 연애로 끌고 들어가는 것은 결국 내 신앙보다 감정이 더 앞선다는 뜻이 된다.

가장 조심해야 할 것은 이런 흐름이다. "지금은 괜찮아. 나중에 믿게 될 거야"라고 타협하기 시작하면, 연애는 점점 깊어지고 정은 쌓이며 마음은 약해진다. 그리고 결국 신앙은 뒷순위로 밀리게 된다. 하나님보다 사람이 앞서게 되고, 그 관계가 신앙의 무게 중심을 바꿔 버린다. 이것이 진짜 위험이다.

성경은 분명히 말한다. 고린도후서 6장 14절에서 "너희는 믿지 않는 자와 멍에를 함께 메지 말라…"라고 말씀하신다. 이 말씀은 불신자와 연애하지 말라는 금지 명령이 아니다. 믿음을 기준 삼지 않으면 결국 그 관계가 나를 끌고 가게 된다는 경고다. 같은 방향을 바라보지 않으면서는 같은 멍에를 멜 수 없다.

그리고 이것은 단지 경고가 아니라, 우리를 위한 보호다. 하나님은 우리의 관계가 상처로 끝나길 원하지 않으신다. 처음에는 좋을지 몰라도, 결국은 후회하게 될 걸 아시기에, 아예 시작부터 다른 방향을 선택하라고 말씀하시는 것이다.

지금 이 글을 읽는 누군가는 이미 그런 관계 안에 있을지도 모른다. 그 사람과의 추억이 많고, 쉽게 끊을 수 없는 상황일 수도 있다. 하지만 가장 중요한 건, 지금이라도 하나님 앞에서 정직하게 나 자신을 돌아보는 것이다. 나는 지금 누구와 걷고 있는가? 그 길 끝에는 무엇이 있는가? 내가 진짜 원하는 것은 하나님과 동행인가? 아니면 외로움을 달래줄 누군가인가?

하나님은 언제나 당신의 선택을 기다리신다. 늦지 않았다. 지금 결단하면 된다. 사랑도 결국 믿음이 위에 서야 한다. 그 위에 서지 않은 사랑은 언젠가는 흔들리고 무너진다. 반대로 믿음 위에 선 사랑은 때로 넘어져도 다시 일어설 힘이 된다.

"주님!

제가 사람보다 하나님을 더 사랑하게 하소서. 어떤 관계를 맺든지, 믿음이 먼저 되게 하시고, 주님의 기준 앞에서 담대하게 결단하는 용기를 주소서."

4 순결은 구식이 아니라, 믿음의 선택입니다

요즘은 연애하면 성관계는 당연하다고 여기는 시대다. 영화에서도, 드라마에서도, 심지어 예능 프로그램에서도 두 사람이 가까워졌다면 자연스럽게 함께 밤을 보내는 장면이 연출된다. 어느샌가 사랑의 증거는 마음이 아니라 몸이 되었다. 오래 만나면 자연스럽게 잠자리를 갖는 것이고, 진심이라면 서로를 받아 줘야 한다는 식의 분위기가 사회 전반에 퍼져 있다.

청년들 사이에서도 마찬가지다. 한 설문 조사에 따르면 20대 청년 중 절반 이상이 "연애 중 성관계는 자연스럽다"라고 응답했다. 이제는 사귀면서 순결을 지킨다는 것이 놀라운 일이 아니라, 오히려 이상하게 보이는 세상이 되었다. 누군가 순결을 이야기하면, "아직도 그런 걸 지켜"라는 비웃음을 듣기도 한다. 크리스천 청년들도 예외가 아니다. 처음에는 마음을 지키겠다고 다짐하지만, 주변의 문화와 환경 속에서 조금씩 경계가 무너진다.

요즘 사람들은 말한다. 사랑하면 당연히 몸을 나누는 것 아니냐고. 진심이면 그것까지 받아줘야 사랑이라고. 그렇게 말하는 세상 속에서, 크리스천은 거꾸로 가는 선택을 해야 한다. 왜냐하면, 성은 단지 감정이나 충동의 결과물이 아니라, 하나님이 처음부터 결혼이라는 울타리 안에서 누리라고 주신 선물이기 때문이다. 성은 하나님이 만드신 것이다. 그래서 하나님의 질서 안에서 누릴 때 가장 아름답고 건강하다.

성경은 분명히 말한다. 하나님께서 아담과 하와를 창조하셨을 때 그들을 부부로 세우셨다. 이건 단순한 창조 이야기가 아니다. 하나님이 성을 처음부터 결혼 안에서 이루어지게 하셨다는 뜻이다. 창세기 2장 24절에 이렇게 적혀 있다.

이러므로 남자가 부모를 떠나 그의 아내와 합하여 둘이 한 몸을 이룰지로다(창 2:24).

이 말씀은 성이 단순한 스킨십이 아니라, 결혼이라는 언약 속에서만 이루어져야 한다는 걸 보여준다. 다시 말하면, 하나님이 정하신 성의 기준은 분명하다. 결혼 안에서만 가능하다는 것이다. 그리고 십계명 중 "간음하지 말라"는 명령도 단지 결혼한 사람에게만 해당하는 말이 아니다. 이 명령은 모든 사람에게 주어진 하나님의 성에 대한 기준이다. 아직 결혼하지 않은 청년이더라도, 혼전 성관계는 하나님의 뜻을 거스르는 것이다. 하나님은 단지 기혼자만 거룩하게 살기 원하시는 게 아니라, 우리 모두가 성적 영역에서도 거룩하게 살기를 원하신다.

그렇다면 왜 하나님께서는 결혼이라는 울타리 안에서만 성관계를 허락하셨을까?

한번 상식적으로 생각해 보자.

만약 성관계가 결혼과 아무 상관 없이 아무 때나 자유롭게 허용되는 사회가 되면 어떤 일이 벌어질까?

서로 책임지지 않는 관계가 반복되고, 상처는 깊어진다. 그리고 진심을 나누는 사랑이 점점 사라질 것이다. 아이가 태어나도 책임지려 하지 않고, 결국 가정은 깨지고 신뢰는 무너진다. 성은 더 이상 사랑과 헌신을 담는 그릇이 아니라, 욕구를 채우는 도구로 변해 버린다. 하나님은 우리가 이런 무책임한 관계 속에서 무너지기를 원하지 않으신다. 그래서 성을 반드시 결혼이라는 책임과 헌신의 울타리 안에서만 누리도록 정하신 것이다.

순결을 지키는 것은 시대가 만든 문화가 아니라, 신앙의 본질과 연결된 문제다. 그것은 믿음의 선택이다. 지금도 하나님을 사랑하는 사람들이라면, 이 시대의 풍조 앞에서 믿음으로 반응해야 한다. 단지 하지 말라는 게 아니다. 왜 그래야 하는지, 무엇이 진짜 우리를 위한 길인지 분명히 아는 게 중요하다.

많은 청년이 "정말 결혼 전까지 기다려야 하나요, 참기 힘들면 어떡하죠"라는 질문을 한다. 성경은 이런 물음 앞에 현실적 답을 함께 제시한다.

> 만일 절제할 수 없거든 결혼하라 정욕이 불같이 타는 것보다 결혼하는 것이 나으니라 (고전 7:9).

참기 힘들면, 관계를 가볍게 여기거나 타협하는 게 아니라 오히려 결혼을 준비하라는 것이다. 그것이 하나님 앞에서 정직한 길이다. 하지만 요즘 청년들에게 결혼은 말처럼 쉽지 않다. 취업도 어렵고, 경제적인 여건도 불안정하며, 무엇보다 결혼에 대한 두려움과 부담이 크다. "결혼하고 싶어도 못하는데요"라는 말이 쉽게 나온다. 맞다. 요즘 세상은 결혼 자체가 큰 용기와 결단이 필요한 시대다.

그래서 성경이 말하는 방향을 따르기 위해, 우리에게는 결혼을 준비하는 연애라는 태도가 필요하다. 아직 결혼은 멀게 느껴질 수 있어도 그 방향을 가지고 연애를 시작하라는 것이다. 지금은 작지만, 현실적인 준비들을 해 보는 거다.

함께 예배 드릴 수 있는지, 믿음의 이야기를 편하게 나눌 수 있는지, 서로를 위해 기도할 수 있는지. 이 작은 습관들이 결국 결혼이라는 큰 그림을 그려가게 한다.

또한, 결혼을 당장 할 수 없다면, 관계를 거룩하게 지킬 수 있도록 구체적인 계획을 세우는 것도 필요하다. 감정에 휘둘리지 않도록 데이트의 시간과 장소를 조절하고, 서로가 지켜야 할 선을 분명히 정하는 것이다. 순결은 막연한 인내가 아니라, 구체적인 준비와 훈련 속에서 지켜진다.

이 세상은 끊임없이 "당연히 해야지", "다들 그렇게 살아"라고 말한다.

하지만 크리스천이라면 달라야 한다. 하나님이 기뻐하시는 길이 따로 있다는 걸 아는 사람. 그래서 그 길을 선택하는 사람. 그게 진짜 믿음이다. 당신이 연애하든 하지 않든, 지금 어떤 상황에 있든 간에 순결은 여전히 유효한 가치다. 그리고 그 가치는 하나님 앞에서 당신을 더 존귀하게 세울 것이다. 그러니 흔들리지 말자. 누가 뭐라고 해도, 세상이 어떤 시선을 보내도, 우리는 하나님 앞에서 당당하게 말할 수 있어야 한다.

"주님!
세상의 시선보다 주님의 시선을 더 의식하게 하소서. 내 몸을 거룩하게 지키고, 주님의 말씀을 따라 사랑을 선택하게 하소서."

5 건강한 스킨십의 기준은 어디까지일까요?

크리스천 청년들에게 연애에서 가장 현실적인 질문 중 하나는 "연인과의 스킨십 기준은 어디까지일까"라는 것이다. 사귀다 보면 서로 더 가까워지고 싶은 마음이 당연히 생긴다. 손을 잡고, 어깨에 기대고, 포옹하다가 때로는 그 이상의 접촉까지 이어진다. 그렇다면 어디까지 괜찮은 걸까? 어디서 멈춰야 하는 걸까?

이 질문은 스킨십의 행동을 몇 가지 나열해 선을 긋는 것으로는 설명할 수 없다. 왜냐하면, 사람마다 생각도, 경험도, 감정도 다르기 때문이다. 누군가에게는 손잡는 것도 큰 의미일 수 있고 누군가에게는 키스까지도 아무렇지도 않게 느껴질 수도 있다. 그래서 중요한 건, 기준을 세우는 것이다. 그리고 그 기준은 우리의 감정이 아니라, 신앙 안에서 세워져야 한다.

첫째, 기억해야 할 건, 우리 몸은 내 것이 아니라는 사실이다. 고린도전서 6장 19절은 이렇게 말한다.

> 너희 몸은 너희가 하나님께로부터 받은 바 너희 가운데 계신 성령의 전인 줄을 알지 못하느냐 너희는 너희 자신의 것이 아니라(고전 6:19).

내 몸이라고 내 마음대로 할 수 있는 게 아니다. 우리는 하나님께 속한 존재고, 우리의 몸은 하나님께서 거룩하게 쓰시려고 우리에게 맡기신 것이다.

둘째, 스킨십은 단순한 감정 표현이 아니라, 두 사람의 마음을 연결하는 통로라는 점이다. 그래서 조심스럽게 다뤄야 한다. 사랑하는 마음이 깊어질수록 더 가까워지고 싶은 마음도 커지지만, 그럴수록 더 신중해야 한다. 하나님이 기뻐하시는 방식으로 사랑을 표현하고 있는지를 계속 점검해야 하기 때문이다.

그렇다면 어디까지가 건강한 스킨십일까? 이 질문에 대해 딱 잘라 정해진 정답은 없다. 하지만 이렇게 생각해 보자. 이 행동을 하나님 앞에서도 당당하게 할 수 있을까? 이 순간 내가 하는 행동이 하나님께 기쁨이 될 수 있을까?

이 질문 앞에 망설여진다면, 이미 선을 넘었을 수 있다. 우리의 신앙은 하나님 앞에서 들리는 작고 미세한 경고음에도 민감해지는 훈련이기도 하다. 물론, 때때로 그 경고음이 잘 들리지 않을 수도 있다. 여러 번 그 소리를 무시하다 보면, 어느 순간 감각이 무뎌지기 때문이다. 성경은 이것을 양심에 화인을 맞는다고 표현한다. 다시 말해, 죄에 반복적으로 무감각해질 수 있다는 것이다. 그러므로 더욱 우리는 하나님 앞에서 마음을 새롭게 하고, 민감하게 반응할 수 있는 믿음을 지켜야 한다.

또한, 스킨십은 시간이 지날수록 자연스럽게 더 깊어지게 마련이다. 그래서 초반부터 기준을 명확히 세우는 것이 중요하다. 처음엔 괜찮다고 느꼈던 것도, 시간이 지나면 감정과 분위기에 밀려 경계를 넘게 된다. 그때가서 멈추려고 하면 이미 늦는 경우가 많다. 시작할 때부터 둘 사이의 기준을 정하고, 그 기준을 함께 지켜나가는 것이 안전하다.

많은 청년이 "상대가 원하면 맞춰줘야 하지 않나요?", "싫다고 하면 나를 안 좋아할까 봐 걱정돼요"라며 고민을 털어놓는다.

그래서 결국은 분위기에 휩쓸리고 상대방의 눈치를 보며 타협하게 된다. 하지만 그런 타협은 결국 하나님보다 사람을 더 의식하게 만든다. 그렇게 중심을 잃게 된다. 스킨십을 전혀 하지 말라는 이야기가 아니다. 중요한 건 그 스킨십이 어디를 향해 가고 있는가이다. 감정의 흐름을 따라가는 게 아니라, 믿음의 기준을 따라 사랑을 표현하는 것이다. 진짜 사랑은 상대를 위해 선을 지킬 수 있는 용기에서 나온다. 그리고 진짜 존중은 경계를 인정해 주는 데서 시작된다.

어떤 커플은 데이트 전 기도한다고 한다.

"주님!
오늘 우리가 함께하는 시간 동안 하나님이 함께해 주세요. 우리의 말과 행동, 생각이 주님 앞에 정직하길 원합니다."

이 기도는 단순한 의식이 아니라 관계를 지키는 실제적인 힘이다. 하나님이 지금 이 자리에도 함께 계신다는 걸 잊지 않을 때, 우리는 감정이 아닌 말씀에 따라 움직일 수 있다. 혹시 지금까지 아무 기준 없이 연애를 해왔다면 괜찮다. 늦지 않았다. 하나님은 언제나 오늘의 결단을 소중하게 여기신다. 오늘 이 글이 마음을 불편하게 만들었다면, 어쩌면 그것이 하나님께서 주시는 경고음일 수 있다. 지금부터라도 새롭게 기준을 세우면 된다.

건강한 스킨십의 기준은 딱 정해진 공식이 있는 게 아니다. 대신 그 기준은 나와 하나님 사이의 관계 속에서 스스로 세워야 한다. 내 믿음이 자라는 만큼, 내 기준도 더 분명해질 것이다. 사랑하는 사람을 더 아끼고, 더 지키고 싶은 마음에서 출발한 기준이라면, 그건 하나님께서도 기뻐하시는 기준일 것이다.

> "주님!
> 감정보다 믿음으로 사랑하게 하소서. 사람의 기준이 아니라 말씀 위에 연애의 기준을 세우게 하소서. 지금의 관계 안에서도 하나님을 기쁘시게 하는 선택을 하게 하소서."

6. 나한테 맞는 사람을 찾기보다, 함께 맞춰가는 사람을 만나야 합니다

요즘 청년들 사이에서 연애가 어려운 가장 큰 이유 중 하나는 마음에 드는 사람이 없다는 것이다. 외모는 괜찮은데 성격이 안 맞고, 성격은 괜찮은데 경제적 조건이 부족하고, 집안은 좋은데 신앙이 약하다고 한다. 그런데 하나씩 조건을 따지다 보면 결국, 남는 건 없다. "괜찮은 사람은 다 이미 누가 데려갔어요"라는 말이 괜히 나오는 게 아니다. 특히, 교회 안에서 연애를 하려는 청년들은 더더욱 그렇다. 신앙도 좋아야 하고 성품도 괜찮아야 하고 경제력이나 외모, 취미나 대화 코드까지 맞았으면 좋겠다는 생각을 한다. 결국, 연애를 완벽한 조건을 갖춘 누군가를 찾아 내는 프로젝트처럼 여기게 된다.

하지만 연애는 누군가를 발견하는 일이 아니라 함께 만들어 가는 일이다. 아무리 조건이 좋은 사람이라고 해도 실제로 함께 살아갈 준비가 되어 있지 않다면 결국 부딪치게 되어 있다. 반대로 지금은 완벽하지 않아도 함께 맞춰가고, 서로 성장할 수 있다면 그 관계는 점점 단단해질 수 있다.

하나님이 사람을 창조하실 때 아담에게 꼭 맞는 돕는 배필로 하와를 주셨다. 여기서 중요한 건 완벽하게 모든 게 맞는 사람이 아니라,

함께 살아갈 수 있도록 도울 수 있는 사람을 주셨다는 점이다. 두 사람은 서로 다르고, 다른 만큼 배워야 했고, 맞춰가야 했다. 돕는 배필이라는 말 속엔 노력과 관계 맺음이 들어 있는 것이다.

우리가 연애할 때 나한테 얼마나 맞는 사람인가보다는 이 사람과 함께 맞춰 갈 수 있는가를 봐야 한다. 말투, 생활 습관, 가치관, 연애 스타일 등. 어느 하나 안 부딪힐 수 없다. 하지만 중요한 건, 그 다름을 함께 맞춰 나갈 의지가 있느냐는 것이다.

실제로 결혼한 많은 부부가 "결혼은 맞는 사람과 하는 게 아니라, 맞춰가는 사람과 하는 거다"라고 말한다.

처음엔 취향도 달랐고 갈등도 많았지만, 서로 노력하면서 조금씩 닮아갔다고 말한다. 완벽한 사람을 찾기보단, 함께 성장할 수 있는 사람을 만나는 게 훨씬 더 중요하다는 것이다. 성경에도 이런 연애와 결혼의 지혜가 녹아 있다.

고린도전서 13장에서는 사랑을 이렇게 말한다.

> 사랑은 오래 참고 … 온유하며 … 무례히 행하지 아니하며 … 모든 것을 참으며 … 믿으며 … 바라며 … 견디느니라 (고전 13:4-7).

이 말씀은 단순히 감정적인 사랑을 말하는 게 아니다. 사랑이란 서로 다름을 이해하고 참고 견디는 과정이라는 걸 보여주는 말이다. 사랑은 나에게 맞춰 주는 사람이 나타날 때 시작되는 게 아니다. 내가 먼저 누군가를 존중하고 맞춰가려는 의지가 있을 때 비로소 시작된다. 연애가 힘든 이유는 내 마음에 쏙 드는 사람을 못 만나서가 아니라, 나도 누군가에게 맞춰주려는 준비가 안 되어 있기 때문이다.

물론, 함께 맞춰가야 하는 부분도 많지만, 신앙만큼은 처음부터 같아야 한다. 이건 양보할 수 없는 기준이다. 하나님을 믿는다는 것, 말씀 위에 삶을 세운다는 전제가 같지 않으면, 아무리 성격이 잘 맞고 취향이 비슷해도 결국 결정적인 지점에서 충돌하게 되어 있다. 그래서 신앙은 서로 맞춰갈 대상이 아니라, 함께 서 있어야 할 출발선이다. 두 사람이 함께 기도하고, 말씀을 서로 세워 갈 수 있어야 연애도 결혼도 하나님 앞에서 건강하게 자라날 수 있다.

하지만 그 외의 것들은 시간이 지나면서 서로 영향을 주고받으면 바뀔 수 있다. 다만, 그 변화가 가능하게 하려면 맞춰 가고자 하는 노력이 전제되어야 한다. 그러니 지금의 조건이 다 맞지 않는다고 낙심하지 말자.

사람은 시간이 지나야 보이는 면이 많다. 첫 만남에선 몰랐던 진심이, 한참을 지나고 나서야 보이는 때도 있다. 성급하게 판단하고, 쉽게 포기하지 마라. 한 번 더 맞춰 보려는 노력이 있다면, 하나님은 그 관계 안에서도 일하신다. 결국, 연애는 맞는 사람을 찾는 일이 아니라, 맞춰 가는 결단의 문제다. 그리고 그 결단 위에 진짜 사랑이 세워진다.

"주님!
조건보다 믿음을 보게 하소서. 완벽함보다 함께 걸어갈 수 있는 사람을 만나게 하소서. 그리고 그 안에서도 하나님이 기뻐하시는 사랑을 해나갈 수 있는 지혜와 인내를 제게 허락하소서."

제 7 장

돈 앞에서
신앙은
흔들리지 않는가?

1. 크리스천은 돈을 어떻게 바라봐야 하는가?
2. 헌금, 왜 해야 하는가?
3. 돈을 의지하지 않으면서 일하는 법
4. 헌금은 하나님이 주인 되심을 드러내는 사인이다

① 크리스천은 돈을 어떻게 바라봐야 하는가?

그녀는 대학에 입학하며 처음으로 집을 떠나 자취를 시작했다. 부모님이 매달 보내주는 용돈은 기본 생활비로 빠듯했다. 동기들이 자유롭게 쓰는 돈을 볼 때마다 마음이 위축되곤 했다. 어릴 때부터 형편이 넉넉한 편은 아니었다. 엄마는 간병인 일을 하셨고, 아버지는 동네 철물점에서 오래 일하셨다. 대학에 오면 스스로 생활비를 벌겠다고 마음먹은 건 그녀 스스로였다.

학교 근처 카페에서 아르바이트를 시작한 건 3월이었다. 첫날은 긴장해서 말도 제대로 못 했지만, 일주일쯤 지나면서 일이 손에 익기 시작했다. 생각보다 손님이 많았고, 아르바이트 동료들도 나쁘지 않았다. 다만 퇴근하고 돌아오면 손목과 어깨가 뻐근했고, 주말엔 친구들과의 약속보다 휴식이 우선이 됐다. 한 달이 지나고, 첫 아르바이트비가 통장에 찍히던 날, 뿌듯했다. 드디어 나도 뭔가 해냈다는 기분. 많은 돈은 아니었지만, 스스로 번 돈이라는 사실이 낯설고 기뻤다. 처음 몇 시간은 그냥 통장을 들여다보며 웃었다.

그리고 며칠 뒤, 사고 싶던 것들을 하나씩 샀다. 오랫동안 장바구니에 담아만 두었던 옷, 인스타에서 본 신상 신발, 가볍게 친구들과의 밥 약속, 영화표, 디저트 카페. 아낀 것도 아니고 흥청거린 것도 아니었다. 그냥 내가 번 돈으로 내가 사고 싶은 걸 한 거였다. 누구도 뭐라 하지 않았고, 그 순간엔 전혀 후회도 없었다.

그런데 어느 순간, 잔액을 확인하다가 멈칫했다. 그제야 생각이 났다. 십일조. 하나님께 드리는 것에 대해 단 한 번도 생각하지 않았다는 사실을 말이다. 한 달 내내 일정을 꼼꼼히 짜고, 쓰는 돈은 계산하면서도 그 돈이 하나님과 어떤 관계가 있는지는 돌아보지 않았다. 그 사실이 마음에 이상한 여운을 남겼다.

아침에 눈을 뜨는 이유도, 주말에 쉬지 못하는 이유도 대부분 돈 때문이다. 무엇을 살지, 어디에 갈지, 누구를 만날지도 결국 돈이 결정한다. 사람은 가진 만큼 자유롭고, 없는 만큼 갇힌다. 그래서 돈은 단순한 종이가 아니라, 현실을 움직이는 힘이다. 점심을 먹을지, 라면으로 버틸지. 이 모든 건 통장 잔액이 말해준다. 같은 하루를 살아도, 돈이 있느냐 없느냐에 따라 삶의 방식이 달라진다. "다음에 보자"라는 말은 꼭 바빠서가 아니라, 여유가 없어서일 때가 많다.

아무도 말하지 않지만, 누구나 아는 현실이다. 새 학기가 시작되면 교재비와 생활비, 식비까지 한꺼번에 밀려온다. 강의 시간표보다 아르바이트 일정을 먼저 고민하게 되는 이유다. 돈은 필요해서 쓰는 게 아니라, 쓸 수 있느냐부터 따져야 하는 조건이 된다. 그렇다고 돈이 전부는 아니다. 하지만 없으면 선택의 폭이 좁아진다. 무엇을 하고 싶은지를 말하기 전에, 지금 내가 할 수 있는 게 뭔지를 먼저 따지게 된다. 그게 지금 청년들이 마주하는 돈이다.

그래서 때로는, "돈은 수단일 뿐"이라는 말이 현실을 모르는 말처럼 들릴 때도 있다. 그렇다면 크리스천은 돈을 어떻게 바라봐야 할까? 돈을 나쁘게 볼 필요는 없다. 정직하게 벌고, 책임감 있게 관리하는 것은 좋은 일이다. 문제는, 돈이 전부처럼 여겨질 때다. 돈이 없으면 아무것도 할 수 없다는 생각이 앞선다면, 이미 돈은 수단이 아니라 기준이 되어버린 것이다.

돈은 마음을 보여준다. 어디에 쓰느냐를 보면, 무엇을 기대하고 있는지가 드러난다. 돈을 보면, 믿음의 방향도 함께 보인다. 그래서 크리스천은 돈을 조심스럽게 다뤄야 한다. 무서워서가 아니라, 정확히 보기 위해서다. 쓸 수 있어도 한 번 더 생각하고, 안 되는 건 내려놓을 줄 알고 될 수 있어도 잠깐 멈춰 보는 태도. 그게 믿음을 가진 사람의 삶이다. 돈이 많다고 교만하지 않고, 없다고 무너지지 않는 사람. 눈앞의 수입보다 위를 바라보는 사람. 기준이 세상이 아니라 하나님께 있는 사람. 그게 진짜 크리스천이다.

돈은 계속 쓰인다. 버는 족족 나가고, 계획보다 더 나가는 날도 있다. 하지만 그 흐름 속에서도 주님을 잊지 않는다면, 신앙은 흔들리지 않는다. 지금 가진 게 많지 않아도 괜찮다. 그 돈을 어떻게 보고, 어떻게 다루느냐가 더 중요하다. 청년의 시기, 돈은 적지만 배울 수 있는 건 많다. 먼저 필요한 걸 챙기고, 하고 싶은 건 줄일 수 있어야 한다. 누구보다 신중하게, 담대하게 살아야 한다. 돈을 무시하지 말고, 돈에 끌려가지도 말자. 하나님 앞에서 돈은 도구일 뿐이다.

 마지막으로 도구는 쓰는 사람에 따라 전혀 다른 결과를 만든다. 그러니 이 질문을 놓치지 말자. 지금 내가 돈을 쓰는 방식 안에, 하나님은 어디에 계신가?
 돈은 지나가지만, 하나님은 내 삶의 중심으로 남으셔야 한다. 그 시선을 끝까지 붙드는 것. 그게 돈 앞에서 흔들리지 않는 신앙이다.

 "주님!
 돈 앞에서 흔들리지 않는 믿음을 갖게 하소서. 제 삶의 중심이 언제나 주님이 되게 하소서."

2 헌금, 왜 해야 하는가?

그는 졸업과 동시에 한 중견 IT 기업에 입사하게 됐다. 취업 준비는 길었다. 4학년 1학기부터 공부를 시작했고, 공채 시즌이 올 때마다 이력서와 자기소개서를 반복해서 다듬었다. 합격 소식을 들었을 땐, 온몸에 힘이 빠질 정도로 기뻤다. 가정은 평범했다. 가난하지 않았지만 여유롭지도 않았다. 아버지는 공기업에서 오래 근무했고, 어머니는 전업주부였다.

용돈은 항상 일정했고, 큰 소비는 어릴 때부터 스스로 계획해서 감당하는 편이었다. 그래서 그는 돈에 대해 무책임하게 써 본 적이 없었다. 쓸 땐 쓰되, 언제나 먼저 계산하고 남는 선에서 즐기는 습관이 몸에 배어 있었다. 필요한 건 미리 준비했고, 사고 싶은 게 생기면 몇 달씩 돈을 모아 하나씩 해결했다. 누구보다 합리적으로 계획적으로 살아왔다고 생각했다.

그런 그에게 첫 월급은 하나의 성취였다. 힘들었던 시간이 보상받는 느낌이었고, 이제 나도 사회인이 되었다는 자부심이 생겼다. 그 돈으로 무엇을 할지, 그는 오래전부터 정리해 두고 있었다. 정장 한 벌, 부모님께 드릴 선물, 고장 난 노트북 교체, 그리고 자격증과 면허 등록까지 계획했다. 하지만 문제는 그다음이었다. 그는 어릴 적부터 십일조를 해왔다. 용돈 1만 원을 받으면 천 원을 떼어 드리는 건 어렵지 않았다. 그런데 월급은 달랐다. 금액이 달라지자 마음도 복잡해졌다.

'이 액수를 매달 떼서 드린다고? 이건 적지 않은 돈인데 …'라고 생각했다. 그 돈이면 한 달 식비, 교통비, 강의비까지 충분히 감당할 수 있었기에 그는 깊이 고민했다.

자신이 믿음이 없는 사람은 아니라고 생각했다. 하지만 막상 드리려니 망설여졌다. 아깝다는 생각은 하지 않으려고 했다.

그러나 마음 어딘가에서는 계속 지금은 너무 이르지 않냐는 의심이 들려왔다. 나중에 좀 더 여유로워지면 그때부터 열심히 드리면 되지 않을까라고 생각했다.

요즘 청년들에게 돈은 그냥 생활비가 아니다. 그건 생존이다. 월세는 계속 오르는데 월급은 그대로다. 카드값 한 달 밀리면 그다음 달은 버티는 게 전부다. 회사에 다녀도 여유가 없고, 아르바이트해도 숨이 차다. 기회는 돈이 좌우한다. 면접 보러 가는 교통비, 이력서 사진 한 장 값, 자격증 시험 응시료. 아무리 좋은 취업 정보가 있어도 돈이 없으면 갈 수 없는 강의, 등록 못 하는 학원들. 해 볼 수 없는 것이 너무 많다. 기회는 공평하지 않고, 현실은 가진 사람이 더 많이 선택한다.

그 안에서 우리는 하나님께 드려야 한다는 말을 듣는다. 헌금. 십일조. 머리로는 안다. 받은 것들이 결국 하나님에게서 왔다는 것. 그분이 없었다면 일도 없었고, 이 자리도 없었다는 것. 그래서 드려야 한다는 것도 안다. 근데 손이 안 간다. 진심으로 아깝다. 식비가 부족하고, 교통비가 부족한데 거기서 10퍼센트를 떼서 드리려니까 마음이 버겁다.

어릴 땐 쉽게 했다. 용돈 2만 원 중 2천 원은 헌금이라고 생각 없이 드렸다. 그런데 지금은 다르다. 이 돈은 그냥 생긴 게 아니다. 새벽에 일어나 출근하고, 욕먹으면서 일하고, 밤에 돌아온 결과다. 그래서 "이건 내가 벌었잖아"라는 마음이 든다. 솔직히 말해서, 그 돈이면 가고 싶은데 한 번 더 갈 수 있고, 부모님께 용돈을 드릴 수도 있고, 학자금 빚을 조금이라도 더 갚을 수도 있다. 그 생각이 드는 순간, 헌금은 맨 뒤로 밀린다.

그런데 바로 이게 문제다. 하나님을 안다고 말하면서 돈 앞에서는 내가 주인이 되어 있다. 통장 앞에서는 내가 주인이 되어 있다. 그걸 헌금이 드러낸다. 헌금은 돈이 아니라, 누가 진짜 주인인지 드러내는 일이다. 하나님을 사랑한다고 말하지만, 그분이 내 재정 안으로 들어오지 못한다면, 그건 말일 뿐이다.

헌금은 하나님이 우리의 돈이 필요해서 만든 제도가 아니다. 그건 우리가 흔들리지 않도록 지켜 주는 울타리다. 요즘 세상은 계속 말한다.

돈이 있어야 선택할 수 있고, 돈이 있어야 늦지 않는다고 생각한다. 그리고 우리는 속으로 조용히 계산한다. 이 정도는 괜찮다고, 지금은 힘드니까 나중에 하자고, 하나님도 이해하실 거라고 여긴다.

맞다. 하나님은 이해하신다. 하지만 동시에 묻고 계신다. 네가 진짜 믿고 있는 것은 하나님이냐, 아니면 네 통장이냐고.

성경은 이렇게 말한다.

> 각각 그 마음에 정한 대로 할 것이요 인색함으로나 억지로 하지 말지니 하나님은 즐겨 내는 자를 사랑하시느니라(고후 9:7).

하나님은 금액을 기준으로 사랑하지 않으신다. 억지로 드린다고 기뻐하시는 것도 아니다. 그저 정직하게 결정하고, 진심으로 드릴 줄 아는 사람을 기뻐하신다. 많이 가진 사람이 아니라 먼저 드릴 줄 아는 사람. 계산이 아니라 신뢰로 움직이는 사람. 헌금은 그렇게 드리는 거다. 하나님이 정말 사랑하시는 사람은 그걸 아는 사람이다.

마지막으로 헌금은 꼭 해야 하는 걸까? 대답은 그렇다. 헌금은 반드시 해야 하는 일이다. 이건 선택사항이 아니다. 단지 하고 싶은 사람만 하는 것도 아니다. 헌금은 하나님을 믿는 사람이라면 반드시 해야 하는 믿음의 반응이다. 하나님은 우리의 구원을 돈으로 사라고 하신 적 없다. 그렇다고 해서 드려도 되고 안 드려도 되는 일로 생각해서는 안 된다.

예배를 꼭 드려야 하듯, 말씀을 꼭 들어야 하듯, 기도를 멈출 수 없듯, 헌금도 마찬가지다. 왜냐하면 이건 신앙 일부이기 때문이다. 특히, 십일조는 성경이 직접 명령한 헌신이다. 말라기 3장 10절에서 하나님은 이렇게 말씀하신다.

> … 너희의 온전한 십일조를 창고에 들여 나의 집에 양식이 있게 하고 …(말 3:10).

이건 권유가 아니다. 이건 명령이다. 그리고 이 말씀 뒤에는 약속이 붙어 있다.

> … 내가 하늘 문을 열고 너희에게 복을 쌓을 곳이 없도록 붓지 아니하나 보라(말 3:10).

하나님은 요구만 하신 게 아니라, 거기에 반드시 따라올 신실한 응답도 약속하셨다. 헌금은 신앙생활의 옵션이 아니다. 그건 하나님을 믿는 사람이면 반드시 삶 안에 담겨 있어야 하는 순종의 표현이다. 드리기 싫을 때도 해야 하고, 계산이 안 맞을 때도 해야 한다. 그게 믿음이고, 그게 헌금이다.

> "주님!
> 제 마음과 계산 사이에서 흔들릴 때마다 주님이 제 삶의 주인이심을 잊지 않게 하소서. 드릴 수 있는 믿음을 주시고 드릴 때마다 감사와 신뢰가 더해지게 하소서."

3 돈을 의지하지 않으면서 일하는 법

그녀는 직장 3년 차다. 지금도 여전히 매일을 치열하게 살아가고 있다. 출근길마다 업무 정리를 머릿속으로 반복하고, 하루 중 대부분은 회의와 보고서에 쫓기며 보낸다. 그녀에게 회사는 단순히 월급을 받는 공간이 아니라, 살아남기 위해 전략적으로 움직여야 하는 전장 같은 곳이다.

그녀는 그 안에서 꽤 잘 버텨온 편이다. 상사들에게는 꼼꼼하다는 평가를 받았고, 동기들 사이에서도 성실하고 책임감 있는 사람으로 통한다. 눈에 띄는 실수도 없고, 맡은 일은 대부분 기한 내에 마무리한다. 스스로도 적어도 기본 이상은 해내고 있다고 느낀다. 하지만 그런 그녀에게도 명확한 원칙이 하나 있다. 돈이 중심이 되어서는 안 된다는 것. 일을 선택하거나 결정할 때, 가장 먼저 계산기를 꺼내지 않겠다는 다짐이다.

이 원칙은 직장 1년 차 때 겪은 한 사건을 통해 세워졌다. 당시 그녀는 신입으로 들어온 지 얼마 되지 않았을 때였고, 부서에서는 중요한 프로젝트 하나를 진행하고 있었다. 공식적으로 정해진 것은 아니었지만, 프로젝트 성과에 따라 성과급이 차등 지급된다는 이야기가 있었다. 열심히만 하면 실적이 바로 수입으로 연결된다는 분위기였다. 사무실은 조용했지만, 모두가 무언의 경쟁 속에 있었다.

그녀 역시 예외는 아니었다. 신입으로서의 평가를 받아야 했고, 성과급이라는 말에 마음이 흔들릴 수밖에 없었다. 그녀는 팀에서 회의 자료를 누구보다 먼저 준비했고, 기안도 정확하게 작성해 제출했다. 퇴근 시간은 이미 의미가 없어졌고, 주말에도 업무 관련 자료를 정리하며 보냈다. 그때 그녀는 무엇이든 해낼 수 있을 것 같았다.

프로젝트 마감을 한 달 앞둔 어느 날, 회의 시간에 팀장이 조심스럽게 말을 꺼냈다. 앞으로 한 달 정도 일요일에도 나올 수 있는 사람이 있으면 알려 달라고 했다. 일정이 빠듯했기 때문이다. 정식 지시는 아니었지만 자원하면 팀장 눈에 띌 수 있었고, 평가나 성과급에서도 영향을 줄 수 있었다. 그러자 몇 명이 조용히 손을 들어 자원했다.

그녀도 고민이 됐다. 열심히 해온 만큼 이번 기회에 더 좋은 평가를 받을 수 있을지도 모른다는 기대가 있었다. 하지만 주말에 출근하게 되면, 그동안 어떻게든 지켜 오던 예배의 우선순위를 포기해야 했다. 조용히 회의실을 나와 자리로 돌아온 그녀는 자신에게 물었다.
이 결정이 하나님 앞에서 정직한 선택일까? 주일 예배를 포기하면서까지 얻는 성과와 보상은 과연 가치 있는 걸까?

결국, 그녀는 자원하지 않았다. 말없이 일정에서 빠졌고, 대신 그 시간에는 평소처럼 교회로 향했다. 결과적으로 그녀가 받은 성과급은 기대에 미치지 못했고, 상사의 반응에서도 예전 같은 호의는 느껴지지 않았다. 하지만 이상하게도 마음은 더 가벼웠다. 조금은 덜 벌어도 괜찮았다. 돈이 나의 기준이 되지 않도록 그녀는 믿음의 선을 지켜야겠다고 생각했다.

돈은 우리 삶에서 빼놓을 수 없는 문제다. 직장인은 일을 통해 돈을 벌고, 그 돈으로 살아간다. 수입이 있으면 선택지가 생기고, 여유가 생기면 자신감도 따라온다. 그래서 많은 사람은 말한다. 돈이 인생의 자유라고. 돈이 있어야 삶을 설계할 수 있다고. 틀린 말은 아니다. 돈은 중요하다. 하지만 신앙인의 질문은 달라야 한다. 무엇이 가장 유익하냐보다 누가 나의 기준이냐를 먼저 물어야 한다.

돈이 삶을 움직이는 수단은 될 수 있지만, 삶의 중심이 되어선 안 된다. 신앙인은 이 기준을 분명히 해야 한다. 일을 얼마나 열심히 하느냐도 중요하지만 무엇을 위해 일하느냐는 더 중요한 질문이다. 그녀는 그렇게 결정했다. 성과급을 받는 대신, 예배와 믿음의 원칙을 선택했다. 그 선택이 늘 큰 보상으로 돌아온 것은 아니다.

오히려 어떤 기회는 멀어지고, 가끔은 손해라는 생각이 들 때도 있었다. 하지만 마음은 단단해졌다. 그 단단함은 신앙에서 나왔다. 믿음은 결국 선택이다. 누구를 먼저 둘 것인가에 대한 선택. 신앙인은 하나님을 먼저 두겠다는 사람이다. 말이 아니라 삶으로 그 우선순위를 드러내야 한다.

지금 이 시대는 돈이 기준이 되기 쉽다. 연봉, 성과급, 포인트, 보너스 등. 모든 게 수치로 환산된다. 수치가 낮으면 자신도 작아지고, 비교가 시작되면 자존감도 흔들린다. 이런 구조 안에서 신앙인은 어떻게 살아야 하는가? 먼저 기억해야 할 것은 신앙인은 돈을 피하는 사람이 아니라 돈을 다루는 사람이라는 점이다.

더 정확히 말하면, 하나님 앞에서 돈을 어떻게 다룰지를 선택하는 사람이다. 돈이 많은 것이 문제는 아니다. 돈이 나를 흔드는 것이 문제다. 돈 때문에 결정이 흔들리고, 돈 때문에 예배가 밀리고, 돈 때문에 정직이 무너지면 그건 더 이상 단순한 신앙의 경제 문제가 아니라 신앙의 균열이다.

그녀는 직장에서 살아남기 위해 열심히 일했다. 야근도 마다하지 않았고, 성실하게 자료를 준비하고, 팀의 성과를 위해 자신이 할 수 있는 최선을 다했다. 하지만 단 한 가지 기준은 무너지지 않게 지켰다. 돈이 주도권을 쥐게 두지 않겠다는 기준. 하나님보다 수익이 먼저가 되지 않도록 하겠다는 기준 말이다.

주말 일정을 결정할 때, 퇴근 후 술자리 권유를 받을 때, 내 이름으로 올라가는 보고서에 거짓이 섞일 때. 하나님을 믿는 사람은 그 순간, 하나님 앞에서도 설명할 수 있는 선택을 해야 한다. 돈을 의지하지 않는다는 건 가난하게 살겠다는 말이 아니다. 그건 자기실현을 포기하겠다는 뜻도 아니다. 오히려 더 정확하게 말하면, 신앙인은 돈을 사용하되 돈의 눈치를 보지 않는 사람이다.

수입이 많고 적음에 따라 기쁨과 낙심이 요동치는 것이 아니라, 돈의 흐름 안에서도 하나님이 주신 사명을 따라 살아가는 사람이다. 그래서 믿음의 사람은 계획보다 기도하며 결정하고, 계산보다 말씀을 따라 선택한다. 그리고 평가보다 하나님 앞에서 정직하게 움직인다. 이것이 오늘날 신앙인이 회사 안에서, 경제 시스템 안에서 보여 줘야 할 기준이다.

돈을 의지하지 않으면서 일한다는 건 아무 욕심 없이 살겠다는 선언이 아니다. 그건 내가 누군지 잊지 않겠다는 태도다. 그건 하나님이 나의 공급자라는 믿음 위에서 내 선택을 조율하는 연습이다. 오늘도 수많은 청년이 돈과 일, 평가와 생존 사이에서 믿음을 어디에 둘 것인지 고민하고 있다. 그리고 그 질문 앞에서 자신의 선택을 스스로 해나가야 한다.

교회에서, 예배당에서 믿음을 말하는 건 어렵지 않다. 하지만 회사 안에서 업무 한가운데서 그 믿음을 선택하는 건 매번 새로운 결단이다. 그러나 분명한 건 있다. 그 선택을 포기하지 않는 사람은 하나님께서 책임지신다는 것이다.

하나님은 우리가 성실하게 일하는 것을 기뻐하시고, 정직하게 버티는 것을 기억하신다. 손해를 감수하면서도 신앙을 지켜 내는 태도를 귀하게 여기신다. 그 신앙은 오늘도 회사 안에서 증명되고 있다. 그녀처럼 돈을 위해 일하지만, 돈을 기준으로 움직이지 않는 사람을 통해. 그것이 바로 돈을 의지하지 않으면서 일하는 삶이다.

"주님!
제 마음이 돈에 흔들릴 때마다 저를 다시 주님의 기준으로 돌이켜 주옵소서. 수입이 아니라 사명으로 일하는 믿음을 지켜가게 하소서."

헌금은 하나님이 주인 되심을 드러내는 사인이다

헌금이 부담스러운 이유는 돈 때문이 아니다. 돈에 얽힌 현실 때문이다. 청년들은 누구보다 정확히 안다. 헌금은 주일 아침 봉투에 돈을 넣는 의식이 아니라, 누가 내 인생의 주인인가를 드러내는 표시다. 문제는 그 고백이 실제 삶과 충돌할 때다. 믿음은 하나님이 주인이라 말하지만, 헌금은 그 말을 증명하라고 요구한다. 바로 거기서 갈등이 시작된다.

많은 크리스천이 하나님은 내 마음을 보신다고 생각한다. 맞는 말이다. 하지만 그 말이 헌금을 회피하는 이유가 되어서는 안 된다.

하나님은 마음만 보지 않으신다. 믿음은 눈에 보여야 한다. 드러나야 한다. 말은 누구나 할 수 있다. 그러나 돈은 손이 움직이지 않으면 떠나지 않는다. 그래서 헌금은 하나님을 향한 마음이 실제로 있는지를 드러내는 테스트다. 통장은 정직하다. 핸드폰에 저장된 소비 내역은 어떤 말보다 내 신앙을 보여준다. 기도 제목은 거룩한데, 카드 사용 내역은 전혀 다르다면 그건 신앙이 아니다. 헌금은 물질을 드리는 게 아니다. 통장을 드리는 것이다. 돈이 아니라 주권을 넘기는 것이다. 그래서 힘들다. 돈 때문이 아니라, 주인 바꾸기가 어렵기 때문이다.

누구나 안다. 돈이 없어서 못 드리는 게 아니라, 마음이 없어서 못 드리는 경우가 많다. 하나님이 주인이라고 말하면서, 그 말에 손발이 안 따라간다. 거기서 신앙의 진짜 모습이 드러난다. 주인이라고 부르면서 주인 취급은 하지 않는다. 주인에게 드리는 걸 아까워하는 종은 없다. 그러나 우리는 매달 그렇게 산다. 하나님이 주인이면 헌금은 선택이 아니라 반응이다.

하나님은 우리의 재정이 필요하지 않다. 헌금은 하나님을 위한 게 아니라 나를 위한 훈련이다. 헌금은 내 욕심을 다스리는 장치이고, 내 마음을 다시 정렬하는 통로다. 하나님은 금액보다 태도를 보신다. 많이 드리는 게 아니라 먼저 드리는 것이 중요하다. 헌금은 남는 걸 드리는 게 아니다. 가장 먼저 떼어 드리는 것이다. 주님이 먼저라는 고백을 숫자로 표현하는 것이다.

현실은 빠듯하다. 월세, 교통비, 식비, 등록금. 돈 나갈 구석은 많다. 그래서 하나님도 이해하실 거라 생각한다.
하지만 하나님은 이해하시면서도 묻는다. 지금 너는 누구를 주인으로 믿고 있느냐고.
헌금은 답변이다. 계산기를 두드릴 때, 하나님은 내 손보다 내 기준을 보신다. 남들이 모르는 자리에서, 통장 앞에서 드리는 결정이 곧 신앙이다. 십일조는 단순한 전통이 아니다. 그건 신앙의 질서다. 먼저 드리는 것, 하나님을 첫 자리에 놓는 습관은 곧 삶의 중심을 정리하는 방식이다. 우리는 매일 수많은 선택 앞에 선다. 그때마다 무엇을 먼저 보는가? 돈인가, 하나님인가? 이 질문이 반복될 때 십일조는 중심을 지켜 주는 훈련이 된다. 드리는 돈보다, 지켜지는 질서가 더 중요하다.

누군가는 헌금은 강요하면 안 되지 않느냐고 말한다.

맞다. 억지로 드릴 바엔 드리지 않는 게 낫다. 그러나 신앙이 자라면 자발성은 따라온다. 믿음이 자라면 헌금은 설명 없이도 따라온다. 헌금은 억지가 아니라 반사다. 하나님이 정말 주인이라면 드리는 게 이상한 일이 아니라, 드리지 않는 게 이상한 일이다. 많이 못 드려도 괜찮다. 중요한 건 태도다. 하나님은 전능하시다. 우리의 액수가 아니라 중심을 받으신다. 작게 드릴지라도 정직하게 드리면 된다. 중요한 건 헌금을 통해 내 마음이 어디를 향하고 있는지를 확인하는 일이다. 드릴 수 있어서 드리는 게 아니다. 하나님이 받으실 분이기 때문에 드리는 것이다.

헌금은 내 재정 안에 하나님을 모시는 일이다. 통장 안에 하나님을 모셔야 한다. 주일에만 계신 하나님이 아니라, 내 삶의 숫자 속에 함께하시는 하나님으로 말이다. 기억하자. 헌금은 예배 일부가 아니라 예배 자체다. 하나님께서 받으시는 건 액수가 아니라 신앙이다. 손이 드는 그대로 믿음이 드러난다. 솔직히 헌금은 쉽지 않다. 돈이 많고 적음의 문제가 아니다. 오늘을 살아 내는 게 벅찬 상황에서, 눈에 보이지 않는 하나님을 먼저 생각한다는 건 결코 가벼운 일이 아니다.

하지만 헌금은 그런 현실 속에서도 신앙이 여전히 작동하고 있다는 증거다. 불안한 와중에도 내가 누구를 믿고 있는지를 선택하는 일이다. 계산 앞에서도 하나님을 잊지 않는 것. 그게 헌금이고 믿음이다. 드릴 여유가 있을 때 드리는 건 누구나 할 수 있다. 정말 중요한 건, 여유가 없을 때도 그분을 잊지 않는 마음이다. 헌금은 그 마음을 보여주는 한 가지 방법일 뿐이다. 그래서 헌금은 결코 돈 이야기가 아니다. 누구를 신뢰하며 살아가는가, 그 질문에 대한 정직한 대답이다.

"주님!
제 헌금이 부담이 아니라 주인을 인정하는 고백이 되게 하소서. 제 손이 드는 그대로 믿음이 드러나게 하옵소서."

제 8 장

기도와 말씀으로 무장하고 있나요?

1. 왜 기도와 말씀일까?
2. 말씀은 어떻게 읽어야 할까요?
3. 기도 어떻게 해야 할까요?
4. 큐티는 어떻게 해야 하나요?

1 왜 기도와 말씀일까?

혹시 100미터 달리기의 1등 기준이 무엇인지 알고 있는가? 손이 먼저 들어오면 1등일까, 발이 먼저 들어오면 1등일까, 아니면 몸 전체가 다 지나가야 1등으로 인정될까?

정답은 바로 몸통이 먼저 결승선을 통과해야 1등으로 인정된다는 것이다. 육상 경기에서는 손이나 발이 먼저 들어와도 결과에 영향을 미치지 않는다. 그래서 선수들은 결승선에 가까워질수록 손을 뻗지 않고, 가슴을 앞으로 내밀며 몸통으로 들어오는 데 집중한다. 반면, 쇼트트랙 경기에서는 기준이 완전히 다르다. 쇼트트랙에서는 스케이트 날이 결승선을 먼저 통과해야 하므로 아무리 머리나 몸이 먼저 들어와도 스케이트 날이 뒤에 있다면 1등이 될 수 없다. 그래서 선수들은 결승선 직전에 몸을 낮추고 스케이트 날을 쭉 내미는 모습을 자주 보인다.

수영 경기에서는 또 다른 기준이 적용된다. 수영에서는 손끝이 먼저 터치패드를 눌러야 한다. 아무리 몸이 앞서 있어도, 손이 벽에 닿지 않으면 도착으로 인정되지 않는다. 그래서 선수들은 마지막 순간까지 손을 뻗는 타이밍을 계산하며 레이스를 마무리한다. 실제로 1등이 바뀌는 장면이 자주 나오는 이유도 이 때문이다.

이렇듯, 각 스포츠에는 그 종목만의 정해진 규칙이 존재한다. 그런데 정해진 규칙은 다르지만 한 가지 공통점이 있다. 어떤 방식으로든 정해진 규칙을 따라야만 승리할 수 있다는 것이다.

그렇다면 하나님 나라의 정해진 규칙은 무엇일까? 하나님이 우리에게 원하시는 거룩의 길은 어떤 규칙으로 가능할까?

성경은 이렇게 말한다.

하나님의 말씀과 기도로 거룩하여짐이라(딤전 4:5).

하나님 나라의 기준은 단순하다. 말씀과 기도라는 두 가지 통로를 통해 우리는 하나님께로 나아가고, 그 길에서 거룩함을 이루게 된다. 달리 말하면, 기도와 말씀이 없는 신앙은 하나님 앞에서 결승선을 통과하지 못하는 신앙일 수 있다. 거룩은 단순히 착하게 사는 것이 아니다. 하나님과 친밀해지는 것이 곧 거룩함이다. 우리는 말씀을 통해 하나님의 뜻을 듣고, 기도를 통해 그 뜻에 순종하며 나아간다. 말씀은 방향을 제시하고, 기도는 그 방향으로 걸어가게 하는 힘을 준다.

말씀이 없는 기도는 내 뜻을 관철하려는 주장이 되기 쉽고, 기도가 없는 말씀은 지식으로만 남아 행동으로 이어지지 않는 공허함을 낳는다. 그래서 하나님은 두 가지를 함께 주셨다. 말씀과 기도는 분리될 수 없는 영적 호흡이다. 하나님은 우리에게 길을 잃지 않도록 말씀이라는 지도를 주셨고, 그 길을 멈추지 않도록 기도라는 에너지를 주셨다. 우리는 두 가지를 붙들 때, 비로소 하나님의 기준을 따라 거룩함의 결승선을 향해 달려갈 수 있는 것이다.

지금 청년들의 삶은 너무도 바쁘고, 또 벅차다. 학업과 취업, 인간관계와 진로 고민, 경제적 압박과 미래에 대한 불안까지 …. 눈 뜨면 할 일이 쏟아지고, 눈감는 순간까지 마음은 잠시도 편할 틈이 없다. 몸은 지치고 마음은 복잡한데, 주변은 "지금이 제일 행복할 때야"라며 무심히 지나간다. 그래서 더 힘들다. 그 누구도 제대로 내 마음을 이해해 주지 않는 것 같고, 속마음을 꺼낼 데도 없다.

가끔은 '내가 잘살고 있는 걸까' 하는 생각이 머리를 맴돈다. 어떤 날은 그저 하루를 버티는 것만으로도 벅차다.

이런 일상 속에서 신앙은 자꾸 뒷전으로 밀린다. 말씀을 보려고 마음먹지만, 눈은 스마트폰에 가 있고, 기도하려 무릎을 꿇지만 몇 마디도 못 하고 일어나버리는 일이 많다. 예배 때는 마음이 뜨거웠는데, 돌아서고 나면 언제 그랬냐는 듯 일상에 휩쓸려 버린다. 큐티는 작심삼일로 끝나고, 기도하겠다는 다짐이 무너진 게 벌써 몇 번째인지 모른다. 하지만 그런 우리에게 지금 가장 필요한 것이 있다. 바로 기도와 말씀이다. 세상이 복잡하고 마음이 흔들릴수록, 우리는 더 깊은 기도의 자리로 나아가야 한다. 해야 할 일이 많을수록, 말씀 앞에 멈춰 설 줄 아는 사람이 되어야 한다. 왜냐하면 기도는 내 생각을 하나님의 뜻 아래 두는 시간이고, 말씀은 복잡한 세상 속에서 흔들리지 않는 기준이 되기 때문이다.

　기도는 하나님께 무엇을 요청하는 시간이 아니다. 하나님 앞에서 내 마음을 정리하고, 다시 일어설 힘을 얻는 시간이다. 말씀은 그저 좋은 구절을 찾아 내는 도구가 아니다. 하나님의 마음을 알고, 하나님의 시선으로 세상을 바라보게 만드는 빛이다. 지금 이 시대는 정보는 넘치지만, 진리는 부족하다. 소통은 넘쳐나지만, 진짜 마음을 나눌 대상은 점점 사라지고 있다. 그래서 우리는 다시 기도해야 한다. 말씀 앞에 다시 서야 한다. 우리가 하나님과 친밀해질 수 있는 길은 딱 두 가지다. 말씀을 통해 하나님의 음성을 듣고, 기도를 통해 내 마음을 하나님께 드리는 것이다. 이 두 가지를 놓치면, 결국 우리는 신앙의 본질에서 멀어질 수밖에 없다.

　신앙은 특별한 사람이 하는 일이 아니다. 그저 오늘 하루, 말씀을 펴고, 입술을 열어 기도하는 것에서부터 시작된다. 하루에 단 10분이라도 말씀을 읽고 묵상하는 시간. 딱 3분이라도 마음을 담아 드리는 기도. 그 작은 습관이 하루를 바꾸고, 결국 인생을 바꾼다.

　청년이여! 지금은 바로 시작할 때다. 아주 바쁘고 지쳐 있을 수 있다. 마음이 식은 것 같고, 기도도 잘 안 될 수 있다. 하지만 그렇기에 더욱 말씀과 기도의 자리에 돌아가야 한다. 하나님은 우리가 완벽하게 준비된 상태로 오길 바라지 않으신다. 지금 이 상태 그대로 다시 돌아오기를 원하신다. 다시 하나님과 대화하자. 다시 말씀을 펴자. 다시 하나님의 음성에 귀를 기울이자. 하나님은 오늘도 그 자리에 계신다. 그리고 말씀과 기도로 다시 주님께 나아오는 당신을, 반드시 회복시키시고 새롭게 하실 것이다.

"주님!
바쁘고 지친 일상 속에서 기도와 말씀의 자리를 자꾸 놓치고 살아갑니다. 다시 주님의 음성을 듣고, 주님과 깊이 교제하는 삶으로 돌아가게 하소서."

2　말씀은 어떻게 읽어야 할까요?

　청년들의 삶은 빠르게 흐른다. 하루는 정신없이 지나가고 해야 할 일은 끝이 없다. 쏟아지는 정보 속에서 진짜 중요한 것을 놓치고 살아가는 날도 많다. 바쁘다는 이유로, 피곤하다는 핑계로 말씀은 점점 밀려나고 만다. 성경을 읽으려고 앉았는데, 마음은 이미 딴 곳에 가 있고, 단어 하나하나가 낯설게 느껴진다. 익숙했던 본문도 무의미하게 다가오고, 결국 책을 덮고 만다.

　하지만 말씀은 신앙의 옵션이 아니다. 하나님과의 관계를 이어 주는 필수적인 도구다. 말씀을 읽는다는 것은 단지 지식을 쌓는 일이 아니라, 하나님을 직접 만나는 일이다. 성경은 문자로만 기록된 책이 아니다. 하나님이 지금 이 시간 나에게 말씀하시는 통로다. 그래서 성경을 펼치면 단어보다 하나님의 마음이 보이고, 구절을 넘기다 보면 어느 순간 나 자신이 보이기 시작한다.

　그렇다면 어떻게 말씀을 읽어야 할까? 한 번에 성경 전체를 꿰뚫듯 읽을 수도 없고, 매일 묵상을 깊이 있게 정리하는 것도 어렵다. 그래서 현실적으로 청년들이 실천할 수 있는 6단계를 소개한다.

1단계 | 말씀을 읽을 자리를 정하자

말씀을 꾸준히 읽기 위해 가장 먼저 해야 할 일은 자리를 정하는 것이다. 어디서든 읽을 수 있지만, 정해진 자리가 있으면 말씀 읽는 습관이 훨씬 견고해진다. 카페나 지하철처럼 주변이 복잡한 공간보다, 방 안 책상 앞이나 교회 기도실처럼 집중할 수 있는 장소를 만들어 보자. 이 자리는 하나님과 만나는 자리라는 의식을 갖는 것만으로도 마음의 중심이 달라진다. 말씀은 집중할 수 있는 환경에서 더 깊이 스며든다. 매일 그 자리에서 말씀을 펴는 것. 그것이 바로 시작이다.

2단계 | 말씀을 읽을 시간을 정하자

장소가 정해졌다면 이제 시간을 정해야 한다. 기분 내킬 때 읽겠다는 생각으로는 말씀 생활이 오래가지 않는다. 하루 중 가장 집중이 잘 되는 시간, 혹은 하루의 시작과 마무리 시간 중 하나를 선택해 보자. 아침에 일어나자마자 10분, 자기 전 15분. 짧아 보여도 매일 정해진 시간에 말씀을 펴는 습관은 우리의 하루를 말씀 중심으로 재편성하게 해준다. 다니엘이 하루 세 번 기도한 것처럼, 말씀도 정해진 시간이 있어야 지속한다. 말씀을 읽는 시간이 일상의 우선순위로 자리를 잡을 때, 삶 전체가 흔들림 없이 서 간다.

3단계 | 짧고 익숙한 본문부터 시작하자

성경을 읽을 때, 창세기부터 요한계시록까지 다 읽겠다는 목표를 세우는 것은 너무 크다. 중요한 건 짧아도 매일 말씀을 접하는 것이다. 하루에 한 장이라도 좋고, 익숙한 복음서 몇 절이라도 괜찮다. 부담 없이 시작하되, 꾸준히 이어가는 것이 중요하다. 처음부터 낯선 구약 말씀을 붙잡기보다, 마태복음, 누가복음. 시편, 잠언같이 비교적 익숙한 책부터 다시 읽는 것을 추천한다. 복음서는 예수님의 삶과 말씀을 다루기에 신앙의 중심을 다시 세우는 데 도움이 된다. 시편과 잠언은 삶의 고백과 지혜가 담겨 있어. 매일 읽을수록 마음에 위로와 통찰을 준다.

4단계 | 형광펜 하나로 마음에 와닿는 구절 표시하기

말씀을 읽을 때 마음에 특별히 와닿는 구절은 그냥 넘기지 말자. 아무 생각 없이 지나가면, 그 은혜의 순간도 금방 잊힌다. 그래서 형광펜이나 볼펜으로 밑줄을 긋고 표시해 두는 것이 도움이 된다. 말씀 속에서 하나님의 음성이 들리는 듯한 구절, 지금 내 상황과 깊이 연결되는 말씀은 반드시 시각적으로 남겨 두자. 그렇게 표시된 구절은 나중에 다시 말씀을 펼쳤을 때 나만의 신앙 발자국이 된다. 형광펜으로 말씀을 물들일 때, 말씀은 더 이상 책이 아니라 하나님과 나 사이의 살아 있는 기록이 된다.

5단계 | 말씀을 기록하는 짧은 노트 만들기

다 쓰지 않아도 괜찮다. 한 줄이라도 적는 습관을 만들면, 말씀이 머릿속을 넘어 마음에 새겨진다. 오늘 어떤 구절이 기억에 남았는지, 왜 마음에 닿았는지 짧게라도 적어 보자. 글로 정리하면 생각이 깊어지고 기도로 이어지는 문이 열린다. 글이 엉성해도 괜찮다. 기록하는 것은 하나님을 향해 한 걸음 나아가는 일이다. 처음엔 무슨 말을 써야 할지 막막할 수도 있다. 하지만 솔직한 감정만 적어도 그것이 곧 말씀 앞에서의 대화가 된다. 그렇게 쌓인 작은 기록들이 어느새 하나님과 깊은 이야기로 자라나게 될 것이다.

6단계 | 말씀을 나눌 사람과 함께하기

말씀을 혼자 읽는 것도 좋지만, 함께 읽을 때 훨씬 깊어진다. 너무 무겁게 시작하지 않아도 된다. 친한 친구나 동역자와 오늘 말씀 한 구절을 나누는 것만으로도 말씀은 생동감을 얻는다. 때로는 타인의 시선을 통해 내가 보지 못했던 부분을 보게 된다. 혼자 꾸준히 하기 어렵다면, 서로 약속하고 함께 걸어가는 것도 좋은 방법이다. 말씀을 함께 나누다 보면, 같은 본문에서도 서로 전혀 다른 은혜를 경험한다는 것을 알게 된다. 말씀이 삶 속에서 어떻게 적용되는지를 구체적으로 나눌 수 있어 실제적인 도전도 생긴다. 공동체 안에서 말씀을 나누는 일은 믿음을 더욱 견고하게 만드는 중요한 훈련이 될 수 있다.

마지막으로 말씀은 꾸준히 읽는 것만으로도 삶을 바꾼다. 처음에는 이해되지 않아도, 의미가 없어 보여도 하나님의 말씀은 절대 헛되지 않다. 매일 먹는 밥처럼, 매일 들어야 할 진리의 양식이다. 스마트폰은 하루에도 수십 번 들여다보면서, 말씀 한 장 넘기지 못하는 현실을 바꿔야 한다. 지금 변화가 필요하다면, 가장 먼저 말씀을 펴야 한다.

청년이여! 다시 말씀 앞으로 나아가자. 말씀은 늘 그 자리에 있었다. 우리가 돌아서 있었을 뿐이다. 세상이 흔들리고 마음이 무너져도, 말씀은 영원히 흔들리지 않는다. 지금 말씀을 붙드는 것이 내 영혼을 살리는 일이다. 지금 말씀을 펼치는 것이 내 삶을 다시 세우는 첫걸음이다. 말씀이 없으면 길을 잃는다. 말씀이 없으면 다시 일어날 힘도 없다. 그러니 오늘, 지금 다시 성경을 펴자. 그리고 그 말씀 앞에 가만히 머물자. 하나님은 반드시 말씀으로 우리를 살리신다.

"주님!
성경을 가까이하길 원하지만, 자꾸만 밀려나는 저의 모습을 봅니다. 작은 습관부터 다시 시작해 하나님의 말씀에 머무는 삶을 살게 하소서."

3 기도 어떻게 해야 할까요?

기도는 모든 크리스천에게 가장 익숙하면서도, 동시에 가장 어려운 일이다. 기도가 어렵다는 청년들의 이야기를 들어보면, 대부분 이런 경우가 많다. 기도를 시작해도 몇 마디 하지 못하고 끝나고, 마음이 분주해 집중이 잘되지 않는다. 무엇을 어떻게 말해야 할지도 모르겠고, 기도해도 아무 일도 일어나지 않는 것 같아 결국 손을 놓게 된다고 한다.

그런데 우리가 기억해야 할 게 있다. 기도는 단지 무언가를 요청하는 시간이 아니다. 기도는 하나님과 나 사이에 놓인 가장 깊고 직접적인 교제의 시간이다. 말씀을 통해 하나님의 음성을 듣는다면, 기도는 그 음성에 내가 반응하는 시간이다. 기도는 영혼의 숨이다. 숨을 쉬지 않으면 살아갈 수 없듯, 기도하지 않으면 신앙은 숨을 잃는다.

누군가는 "하나님은 내 마음을 다 아시니까 굳이 기도하지 않아도 되지 않느냐"고 말한다. 하지만 기도는 내가 하나님 앞에 나를 여는 일이다. 하나님은 알고 계시지만, 내가 직접 드리길 원하신다. 그분은 인격적인 관계 안에서 우리가 마음을 내어놓기를 기다리신다. 그리고 그 기도를 통해 우리를 위로하시고, 변화시키시고 인도하신다.

기도는 하나님이 주신 특권이자 명령이다. 우리는 기도를 통해 하나님의 뜻을 묻고, 하나님의 마음을 배운다. 그리고 하나님의 능력을 의지하게 된다. 그래서 기도는 선택이 아니라 살아 있는 신앙의 증거다. 그렇다면 기도는 어떻게 해야 할까? 어렵게 느껴지는 이유는 대부분 방법을 몰라서다. 그래서 청년들이 실천할 수 있도록, 기도를 여덟 단계로 나누어 소개한다. 복잡하지 않고, 누구나 따라 할 수 있는 실제적인 방법이다.

1단계 | 기도할 자리를 정하자

기도는 어디서나 할 수 있지만, 지속적인 기도 습관은 정해진 자리에서 시작된다. 장소는 반드시 거창할 필요는 없다. 방 한쪽 책상 앞도 괜찮고, 교회 기도실, 혼자 걷는 산책길도 괜찮다. 중요한 것은 하나님을 의식할 수 있는 자리를 정하는 것이다. 기도 자리에는 방해받지 않을 수 있는 환경이 필요하다. 휴대전화는 잠시 꺼두고 문을 닫고 주변의 소음을 차단해 보자. 여기는 하나님과 만나는 자리라는 마음이 들기 시작하면, 기도는 그 장소에서 조금씩 살아나기 시작한다. 하나님과 마주할 자리를 정하면, 이미 기도의 절반은 시작된 것이다.

2단계 | 기도할 시간을 정하자

자리가 정해졌다면, 다음은 시간을 정해야 한다. 기도는 '시간이 남으면 해야지'라는 마음으로는 절대 지속하지 않는다. 기도는 시간을 떼어놓아야 하는 일이다. 하루 중 내가 가장 집중할 수 있는 시간,

방해받지 않는 시간을 정해 보자. 아침 10분도 괜찮고, 밤 자기 전 15분도 괜찮다. 일정한 시간을 정해 두면, 내 몸과 마음이 그 시간에 익숙해진다.

예수님은 새벽에 한적한 곳을 찾아 늘 하나님께 기도하셨다. 많은 사람을 만나고 사역으로 분주한 날들이었지만, 하루를 시작하는 시간만큼은 하나님과 함께하는 데 쓰셨다. 우리 역시 시간을 정해야 한다. 시간을 정하지 않으면 기도는 늘 밀려나기 때문이다. 하나님께 드린 약속의 시간은 결국 우리의 삶을 붙잡는 힘이 된다.

3단계 | 감사로 시작하자

하나님을 바라본 후, 다음은 감사의 고백으로 기도를 이어가 보자. 바쁘게 지나온 하루 속에서 감사할 일을 떠올리는 일은 생각보다 쉽지 않다. 하지만 천천히 하루를 되짚어 보면 작고 소중한 은혜들이 떠오르기 시작한다. 밥을 먹고, 사람을 만나고, 학교에서 수업을 듣고, 숨을 쉬는 것조차 하나님의 은혜다. 감사는 우리의 기도를 가볍게 만들고, 우리의 시선을 부정이 아닌 은혜로 옮겨 준다. 감사하는 마음으로 기도를 시작하면 하나님과의 거리가 한층 더 가까워진다. 감사는 기도를 하나님 중심으로 이끄는 안전한 길이다.

4단계 | 성령 충만을 위해 기도하자

감사로 마음이 열렸다면, 이제 기도의 중심을 성령께로 향해 보자. 우리가 기도할 수 있는 것도, 기도를 계속 이어 갈 수 있는 것도 모두 성령의 도우심 덕분이다. 기도는 내가 끌고 가는 시간이 아니라, 성령께서 이끌어 주시는 시간이다. 그래서 기도를 시작하면서, 가장 먼저 구해야 할 것이 바로 성령 충만이다.

"하나님, 제 마음이 하나님께 집중되게 해 주세요. 이 시간 성령님이 저를 이끌어 주세요"라는 간단한 기도가 기도의 분위기를 바꾼다.

말이 막힐 때, 집중이 흐려질 때, 하나님의 임재가 멀게 느껴질 때, 성령을 구하면 길이 열린다. 성령께서 내 안에서 일하시도록 초대하는 순간, 기도는 더 이상 혼자 하는 시간이 아니다. 하나님과 연결된 대화가 시작된다.

5단계 | 회개의 기도를 드리자

성령의 도우심을 구했다면, 이제는 회개의 기도를 드릴 차례다. 회개는 죄책감을 떠안으라는 말이 아니다. 하나님 앞에서 내 마음을 정리하는 시간이다. 오늘 하루, 내가 놓쳤던 말과 행동들, 누구에게 상처 주었던 순간들, 그리고 하나님을 의식하지 못했던 마음을 솔직히 내려놓는다. 회개는 나의 더러움을 씻는 시간이 아니라, 예수님의 보혈을 다시 붙드는 시간이다. 중요한 것은 단순한 고백에서 멈추지 않는 것이다. 반복하지 않기 위해 싸우겠다는 결단이 함께 있어야 한다.

"하나님, 이 죄를 이길 힘을 제게 주세요"라는 한마디가 회개의 방향을 바꾸고, 다시 하나님께로 돌아가는 첫걸음이 된다.

6단계 | 나의 기도 제목을 올려드리자

이제 나의 기도 제목을 올릴 차례다. 마음에 담아 두었던 고민, 풀리지 않는 문제, 누군가에게 쉽게 말하지 못했던 생각까지. 있는 그대로 솔직하게 하나님께 말씀드리면 된다.

"이건 기도할 만한 일이 아닐 거야"라고 스스로 판단하지 말자.

하나님은 우리의 삶 속에 일어나는 아주 사소한 염려까지도 듣기 원하신다. 기도할 때는 꾸미지 않아도 된다. 지금 느끼는 감정 그대로, 이해되지 않는 상황 그대로 고백하면 된다.

그러나 여기서 한 가지 더 중요한 것이 있다. 나의 뜻이 아니라 하나님의 뜻을 구하는 마음으로 기도해야 한다는 것이다. 모든 기도는 이렇게 마무리되어야 한다. "하나님의 뜻대로 이루어 주세요"라고 말이다. 기도는 내가 원하는 것을 강하게 주장하는 시간이 아니라, 하나님의 뜻에 내 마음을 맞춰가는 시간이다. 그래서 진짜 기도는 "네"라는 응답만이 아니라, "아니"라는 응답도 받아들일 수 있는 믿음으로 이어져야 한다.

7단계 | 다른 사람을 위해 기도하자

개인적인 기도를 드린 다음에는 가족, 친구, 교회, 공동체를 위해 기도해 보자. 다른 사람을 위한 기도는 우리의 시선을 바깥으로 넓혀 준다. 기도는 이기적인 시간이 아니라 누군가를 품는 시간이다. 가족 중 아직 예수님을 모르는 이가 있다면 그 이름을 불러가며 기도하자. 친구가 힘들어하고 있다면 대신 하나님께 아픔을 고백하자. 누군가가 내게 "기도해 줘"라고 부탁했다면, 그 요청을 잊지 않고 기억해 내자. 그렇게 우리가 드리는 누군가를 위한 기도는 하나님께서 놀라운 방식으로 사용하신다. 멀리 있는 사람에게까지 닿는 은혜의 통로가 되는 것이다. 그 이름을 불러가며 드리는 한 번의 기도가, 누군가의 삶을 바꾸는 시작이 될 수 있다.

8단계 | 하나님의 나라와 이 땅을 위해 기도하자

기도의 마지막은 나의 필요가 아니라 하나님의 나라를 향해야 한다. 지금 우리가 살아가는 이 시대와 나라, 그리고 세계를 위한 기도가 필요하다. 자유롭게 예배할 수 있는 지금의 환경이 언제까지나 지속된다는 보장은 없다. 나라와 민족을 위해 기도하지 않는다면 영적으로 무너지는 시대를 막을 수 없다. 교회와 다음 세대, 지도자들을 위해 기도하자. 하나님께서 이 땅을 여전히 붙들고 계시도록, 우리의 신앙이 자유롭고 담대하게 이어지도록 간절히 기도하자. 하나님은 기도하는 한 사람을 통해 여전히 일하신다.

마지막으로 기도는 어려운 일이 아니다. 말이 부족해도 괜찮고, 흐름이 어색해도 괜찮다. 하나님은 유창한 말을 원하시는 것이 아니라, 진심으로 하나님을 찾는 마음을 기뻐하신다. 기도는 나를 바꾸는 시간이다. 기도는 하나님께 내가 무엇을 해달라고 말하는 것 같지만, 사실은 그 시간을 통해 내가 변화된다.

기도를 멈추면 점점 하나님이 멀게 느껴진다. 기도를 시작하면 다시 하나님이 가까워지기 시작한다. 그리고 그때부터 신앙이 회복된다. 청년이여 다시 기도하자. 조용한 시간. 짧은 시간이라도 하나님께 마음을 여는 훈련을 시작하자. 아무도 듣지 못하는 내 한숨을 하나님은 들으신다. 내가 할 수 있는 최선이 기도일 때, 하나님은 그것을 통해 가장 큰 일을 시작하신다. 기도는 지금도 열려 있다. 하나님은 오늘도 우리를 기다리신다. 입술을 열자, 마음을 드리자. 지금이 바로 기도할 시간이다.

"주님!
말로 다 할 수 없어도 기도하며 주님 앞에 서고 싶습니다. 지금 이 마음을 받아주시고, 매일 기도의 자리로 나아가게 하소서."

4 큐티는 어떻게 해야 하나요?

요즘 청년들의 신앙생활을 가만히 들여다보면, 말씀을 읽는 것보다 묵상하는 것에 대한 부담을 더 크게 느끼는 경우가 많다. 성경 읽기는 익숙한 편이다. 유튜브 성경 채널을 들으면서 통독을 하거나, 앱으로 하루 성경 말씀 알림을 받아 읽는 일은 어렵지 않게 이어가는 경우가 많다.

하지만 큐티 즉, 조용한 시간 속에서 말씀을 묵상하고 삶에 적용하는 시간은 작심삼일로 끝나는 일이 많다. 본문을 읽고 마음에 와닿는 부분을 정리하고, 그 말씀을 오늘의 삶에 연결해 보고, 기도로 마무리하는 것이 큐티의 기본 흐름이지만, 막상 해 보려고 하면 막연하다. 무슨 본문을 읽어야 할지도 모르겠고, 한 절 읽고 나서도 어떤 말을 써야 할지 감이 오지 않는다.

결국, '나는 묵상이 안 되는 사람인가 보다'라고 느끼고 포기하게 된다. 그러나 그 생각은 잘못된 생각이다. 큐티는 하나님을 알고 싶은 모든 사람에게 열려 있는 자리다. 중요한 것은 마음이다. 정해진 형식 안에 자신을 끼워 맞추는 것이 아니라, 말씀 앞에서 솔직하고 겸손하게 나아가려는 마음. 하나님은 그 마음을 받으신다.

큐티는 아무런 틀 없이 하기보다, 몇 가지 기본적인 단계를 알고 실천하면 훨씬 수월해진다. 지금부터 소개하는 큐티 5단계는 청년들이 실제로 따라 하기 쉽도록 구성된 매우 현실적인 방법이다. 처음 큐티를 시작하는 사람도, 중간에 지치고 멈췄던 사람도 이 다섯 단계를 따라가다 보면, 다시 말씀 속에서 하나님의 음성을 듣게 될 것이다.

1단계 | 말씀 읽기

큐티의 시작은 성경을 펴는 것이다. 하지만 성경을 읽는다고 해서 반드시 큐티가 되는 것은 아니다. 가장 중요한 것은 어떻게 읽느냐이다. 큐티를 위한 말씀 읽기는 속도가 아니다. 빨리 읽어 내는 것이 아니라, 깊이 머무르는 읽기가 되어야 한다. 본문은 보통 10~20절 정도가 적당하다. 너무 짧으면 전체 흐름이 끊기고, 너무 길면 집중력이 떨어지기 쉽다. 한 장 정도 분량을 읽고, 마음에 걸리는 구절이 있다면 그 구절을 다시 반복해 읽는다.

이때 중요한 것은 정독이다. 등장인물의 행동 하나하나에 주목하며 천천히 읽자. 가능하다면 소리 내어 읽는 것도 매우 도움이 된다. 소리를 내면 내 귀가 내 음성을 통해 말씀을 다시 듣게 되고, 그 과정에서 한 단어가 마음에 깊이 박히는 경험을 하게 된다. 말씀이 바로 들어오지 않아도 괜찮다. 처음엔 낯설게 느껴질 수 있다. 그러나 반복해서 읽다 보면, 어느 한 구절에서 마음이 멈추는 순간이 찾아오게 된다. 그것이 하나님께서 지금 나에게 주시는 오늘의 말씀이다.

2단계 | 관찰하기

본문을 읽었다면 이제는 그 본문 안에서 특별히 눈에 들어오는 구절이나 단어, 표현을 살펴보는 단계다. 이걸 관찰이라고 부른다. 이 단계는 성경의 내용을 다시 한번 천천히 훑어보며, 마치 보물을 찾듯 중요한 사항을 찾는 시간이다. 예를 들어, 어떤 단어가 반복되는지, 등장인물이 어떤 행동을 했는지, 하나님은 어떤 모습으로 나타나시는지를 정리해본다. 그리고 질문을 던져보는 것이 도움이 된다.

| 왜 이 단어가 반복될까?
| 여기서 이 사람이 이런 행동을 한 이유는 무엇일까?
| 이 구절에서 하나님은 어떤 성품을 드러내시는가?

처음에는 관찰이 잘되지 않을 수 있다. 그럴 땐 단순히 마음에 와닿는 구절 하나만 따로 표시해도 충분하다. 형광펜으로 줄을 긋거나 노트에 적어두는 것도 좋다. 이 구절이 왜 내 눈에 들어왔는지를 곱씹는 것만으로도 그 말씀이 깊은 씨앗이 되어 마음에 남게 된다. 관찰은 말씀을 읽는 것에서 붙드는 것으로 전환하는 중요한 작업이다.

3단계 | 묵상하기

이제 가장 핵심적인 단계는 묵상의 시간이다. 묵상은 단순히 성경 구절을 보고 좋은 느낌을 적는 것이 아니다. 말씀 속에서 드러난 하나님의 마음을 살피고, 그 말씀이 지금 내 삶과 어떤 관련이 있는지를 천천히 되짚어보는 시간이다. 하나님이 어떤 분으로 나타나셨는지, 어떤 말씀을 하셨는지를 생각해본다. 그리고 그분의 모습이 내 상황 속에서는 어떤 의미가 있을 수 있을지도 함께 묵상해 본다.

그냥 이 말씀이 위로된다, 내가 잊고 있었던 부분을 떠올리게 했다는 정도의 표현만 해도 훌륭한 묵상이 될 수 있다. 중요한 것은 내 언어로 말씀을 다시 써보는 것이다. 다른 사람의 큐티를 베끼지 말고, 내 상황 속에서 말씀이 어떻게 스며드는지를 글로 적어보자. 짧더라도 내 고백이 담긴 그 문장이 하나님과의 인격적인 만남을 끌어낼 수 있다.

4단계 | 적용하기

묵상은 마음을 흔들지만, 적용은 삶을 바꾼다. 말씀을 깊이 생각했다면, 이제 그 말씀을 오늘 하루에 어떻게 살아낼 것인지를 정해 보자. 적용은 작아야 지속한다. '하루에 3시간 기도하기', '한 주간 성경 통독하기' 같은 거창한 적용보다 다음과같이 구체적이고 실행가능한 결단 하나를 세우는 것이 중요하다.

> 오늘 하루 불평하지 않기
> 내가 미워했던 사람을 위해 짧게 기도하기
> 밥 먹기 전 감사 기도를 드리기

적용은 나를 점검하게 만든다. 내가 지금 무엇에 약한지, 어떤 부분에서 반복적으로 하나님 앞에 실패하는지를 돌아보게 한다. 그리고 거기서부터 한 걸음씩 다시 걸어 나가는 것이 진짜 신앙의 성장이다. 적용을 기록하는 습관을 들이자. 그날의 말씀과 연결해 "나는 오늘 이렇게 살아보겠습니다"라는 다짐을 남겨 보자. 그 한 문장이 삶을 말씀 중심으로 끌어당기는 힘이 된다.

5단계 | 기도하기

마지막 단계는 기도다. 묵상과 적용이 마음에만 머무르지 않고 하나님께 드려지는 고백이 될 수 있도록, 짧게라도 기도로 마무리하자. 기도는 어려운 언어로 할 필요가 없다.

> 주님! 오늘 이 말씀을 통해 이런 마음을 주셔서 감사합니다.
> 하루 동안 이 말씀대로 살 수 있도록 도와주세요.

말씀 앞에서 느낀 감정과 다짐을 솔직하게 말로 풀어내는 것, 그것이 기도다. 기도를 쓰는 것도 매우 유익하다. 한 줄이라도 남겨 놓으면, 며칠 뒤를 돌아봤을 때 그날의 말씀이 어떻게 나를 지나갔는지를 확인할 수 있다. 기도는 큐티를 완성하는 시간이다. 말씀을 통해 시작된 하나님의 만지심이 기도를 통해 내 안에 새겨진다.

큐티는 매일 하는 예배다. 그 시간을 얼마나 잘 지켰느냐보다, 그 자리에 내가 머물렀느냐가 더 중요하다. 말씀이 잘 읽히지 않아도, 묵상이 억지로 써 내려가는 글 같아도, 하나님은 그 정직한 시간을 기쁘게 받으신다. 완벽하게 하는 것이 아니라, 매일 이어가는 것이 큐티의 진짜 힘이다.

청년이여! 오늘 하루의 시작을 하나님의 말씀 앞에 두자. 그 10분이 당신의 하루를 바꿀 것이고 그 하루가 결국 당신의 인생을 바꿀 것이다.

> "주님!
> 말씀 앞에 앉아 머무는 시간을 회복하게 하소서. 묵상이 어려울 때도, 꾸준히 말씀 앞에 서는 은혜를 주옵소서."

청년·청소년을 위한 CLC 도서

❶ 청년의 때에 예수를 만나라(복음이란 무엇인가? 5)
임덕규 지음 | 크라운판변형 | 88면

❷ 청년아 이 세대를 본받지 말라
박길웅 지음 | 신국판 | 224면

❸ 청년들을 위한 결혼생활 안내서
김환동 지음 | 크라운판 | 120면

❹ 교회와 청소년 교육
로이 주크 지음 | 박영호 옮김 | 신국판 | 508면

❺ 기독교 청소년 상담자 핸드북
이승재 지음 | 국판 | 372면

❻ 뉴 에이지와 청소년 문화
박영호 지음 | 신국판 | 340면

❼ 나는 크리스천 청소년이다!
김맥 지음 | 국판변형 | 192면

❽ 하나님 저도 쓰임 받을 수 있나요?
김맥 지음 | 국판변형 | 284면

❾ 얘들아! 하나님 감성이 뭔지 아니?
김맥 지음 | 국판변형 | 252면

❿ 나는 청년입니다
김맥 지음 | 국판변형 | 228면

❿ 청소년 천로역정
존 번연 지음 | 서성용 옮김 | 46배판 | 138면